瞬間に悩みが消える本

解決策

三休禅師
又の名を 深見東州

たちばな出版

本書は、平成七年二月および平成十二年十一月に弊社より刊行された『解決策』を一部改訂して発行したものです。

はじめに

若者は日本、そして世界の未来を担う大切な宝である。

しかし若者もやがて中年になる。そして中年の人たちはやがて壮年期を迎え、老人たちは誰一人洩れることなく近々死を迎えることになる。

人生は、一人一人に与えられた七十年、八十年の自由に使える生涯において、どのように生きるべきであろうか。

中には何も考えずに、人生、流されるままに過ぎ去ってしまう人もあろう。しかしやがて必ず迎える〝死〟を直前にして、ようやく生とは何か、死とは何か、人生とは……と慌てて思い巡らして自問自答するならば、もはや何か悟ったとしても手遅れであろう。

本書は、私のところへ訪れた、何万人という悩める人たちとの対話を幾つか抜粋して紹介したものである。

いろいろな境地、境涯、年齢の人たちへの私の答えを通して、読者の皆様方が何かを掴んで頂けたら、筆者としてこれに勝る喜びはない。

本書は、どの章から読んでもお役に立てるようにと、大きくだが章分けをさせて頂いた。自分の求める内容に応じて読んで下さるのもよいだろう。

ますます人心は不安な時代に染まって行く中、ハッキリとした自分なりの人生観を持って、乗り越えて頂きたいと思う。

そして、本書出版にあたり尽力を頂いた、関係者各位へ心からお礼を申し上げる次第である。

三休禅師

解決策　――　もくじ

第1章

行き詰まり打開術……17

第2章

結婚運・恋愛運はこうして摑む

第3章

第4章

運命飛躍の大法則……117

行き詰まり打開術

第1章

片付け物をすると、行き詰まりが解消する！

抜群のヒラメキは、身の周りの整理整頓からやってくる

私は掃除を日課にしている。毎日、

「大勢のお客様に気持ちよく足を運んでいただけるように」

という思いを込めて、掃いたり拭いたり、清めたり。

自ら率先して体を動かし、掃除をする。そうして掃除に没頭し、無心に体を動かしていると、フッといろいろなことが頭に浮かんでくる。

また判断に迷ったり、心の中の整理がつかなくなっている時には、私は机の引き出しの中を片付け始める事にしている。一つずつ、いる物といらない物とをキチンと分け、いらない物は捨てる。この小さな作業を通して、不思議と頭の中が整理されていく。そうしている中に「フッ」とアイデアが閃《ひらめ》いたり、迷っていた事の答えが明快に浮かんできたりするのだ。

それは、身の周りや周囲を愛念を込めて掃き清め、整理したことにより、美し

い環境と神霊的磁場が整ったからだ。そうして高い神なるものと通じやすくなった分、神霊が悩みの答えを教えてくれるのだ。これは実は、神道動禅の重要な真髄の一つである。このことを本当の意味で実践することで、かなりの悩みに正しい解決策が見つかる。そして、さらに詳しく言えば、一度あらゆる可能性を考え、あらゆる資料に目を通し、人にできる最善の努力をして考えるだけ考えた後に、まったくそれを離れて、忘れて他のことに没頭している時に、神からの叡知が与えられるのである。これが私が体得した正しい神霊の答えのキャッチ法だ。決して、祈って待っていればいいのではないのだ。

エジソンやアインシュタインのような天才も、こうして天来のヒラメキを得ていたのである。

この片付け物の大切さについては、以前、『強運』（深見東州著／たちばな出版刊）という本でトヨタの大発展の例をひいて説明しているが、神道動禅の第一歩としてより詳しく記してみたい。

雑用は判断の揺りかごなり

「雑用は判断の揺りかごなり」

ということを私は痛感する。

これは非常に重要だから肝に銘じて欲しいのだが、雑用というと、バカにしていい加減にやる人が多い。これは心得違いだ。雑用は神霊が与え賜うた修業。これこそが「生きた修業」なのだ。

実際、誠実に率先して雑用を務めてきた人というのは、何かがあったときに正しい判断ができる。逆に、そうでない人、雑用を率先してできない人は、判断力が弱い。あるいは、判断力がどこか鈍っている。自分できちんと判断できないし、判断しても、どこかずれてしまうのである。

雑用ばかりで他に何もしない、というのもまた問題だが、「雑用は判断の揺りかごなり」といって、下積みを多く経験した人や、一生懸命に蔭の役や、目立たぬご奉仕をしてきた人にとっては、雑用は少しも苦ではない。率先してやることが経験的に身についているからだ。

私もずっと雑用をやってきて、それが習いになっているから、掃除や片付けもの、料理でも皿洗いでも全然苦にならない。表面に出ていること——例えば「ご神業《しんぎょう》の場」で私が先生などと呼ばれてやっていることというのは、氷山の一角にすぎない。それ以外は、ほとんどが雑用だ。

ある意味では、この世のことというのは、ほとんどが雑用である。ただし、雑用だからといって軽々しく考えてはいけない。そうした雑用にきちんと対応し処理していくことで、人間の幅が広がる。確固たる判断力がつく。つまり、境地が高められるわけだ。その点をしっかり理解しなければならない。

経営も雑用である

私は経営を修業の糧《かて》にしている

これは重要だから、もう少し説明しておこう。

私は国内、海外に会社を十数社経営する立場にある。というと、一般には「禅坊主のくせに金もうけなどしているのか……」なんて思われそうだが、私の場合はまったく違う。

神様が、悟りを現実社会に生かせる本物に鍛え上げようという目的で、仕事を持つことを私に命じられたのである。それは実にいい修業であり経験であったと思う。会社経営を通じ、あらゆる現実界の辛酸と荒波を乗り越えた上で、初めて、私の悟りも本物となったのは間違いないからだ。

「社会に役立たない悟りなど、絵に描いたモチのような無意味なもの」だからだ。これなども白隠禅師のいう「動中《どうちゅう》の静《せい》」であろう。山中で静かに修業するより、混迷社会の中にあって、静なる境地を守り通すことの方が百倍も難しいからである。

そういうわけで、ここで一つ、会社経営を例にとって、雑用についてお話ししてみようと思う。

例えば、営業は本来「商品の販売」が目的だ。では、「商品を売るだけでいいか」というと、そうはいかない。営業活動には、商品の販売以外に、仕入れ、在庫管理、返品への対応、電話の応対、広告など雑多な仕事が数多くあり、それらの雑用によって販売がサポートされているからだ。

いいかえれば、それらの雑用がきちんと処理されていなければ、営業活動は決してうまく機能しない。当然、営業成績も上がらず、会社は倒産の憂き目を見ることになる。

加えて、銀行や税務処理、資金繰りなどの財務関係もあれば、社員の採用や配置、勤務評定などの人事問題もある。会社を運営・維持していくには、多くの問題に対応・処理する必要があるわけだ。

ある程度の大きさの企業ならば、これらは部や課に分かれて機能分担している。だが、会社が小さいうちは、これら全てに経営者自らが先頭に立って問題をこなしていかなければならない。また、そうしなければ、会社は維持できない。

創業経営者は、雑用をこなす王様

このように、経営者にとって会社の経営というのは、ほとんど九分九厘までが雑用だ。

順調に推移して人に恵まれ、組織ができたら部下に任せ、多少は楽にはなる。といっても、従業員とその家族の生活がかかっているから、責任は重大。しかも、完全に雑用から解放されるわけではない。より大きな意味での雑用が、肩にずしりとのしかかってくることになる。

そういう意味では、経営者、とくに徒手空拳《としゆくうけん》で会社を起こして発展させてきた創業経営者というのは、「膨大な雑用をやりこなしてきた人」ということができる。このタイプの経営者には、故・松下幸之助氏や故・本田宗一郎氏など、人間的にも素晴らしい人がいる。彼らは、事業を興す以前から雑用をこなすことで人間を磨き、境地を高めた。だから、ビジネスでも成功したわけだ。

神様事《ごと》の世界でも同じだ。何もないところから積み上げてきた人というのは、膨大なる雑用をやりこなしてきた人。だから、ご神業のことでも何でも、問題が持ち上がったり、何かあった時には的確に指示が出せるわけだ。

二代目経営者は、雑用が足りない分判断が甘い

ところが、大きな会社の経営者といっても、二代目以降の人でそれほど下積みを経験せず、多くの雑用をこなしていない人は、大所高所からの判断ができない。

確かに、専門分野については詳しいかもしれない。あるいは、幾つかの異なるセクションを担当して、広いノウハウを身につけているかもしれない。そうした知識は、それはそれで必要だし、通常の判断なら十分に対応できるだろう。しかし、会社の命運を決するような重大な局面ではどうか。的確な判断力を持ち得るかというと、非常に心もとない。膨大な雑用をこなしていないせいだ。

その点、創業者社長は大した学歴がなくとも、会社経営のあらゆる分野を経験し、膨大な雑用をこなしてきているから、重大な局面で的確な判断を下せるのである。彼らは経験的に「どうしたらいいか」が分かっているからだ。

あるいは、大企業の優秀な重役経験者が中小企業に来て、大事な判断を下さなければならない時に、創業者社長と意見が対立したとする。この場合も、どちら

かといえば、創業者社長の意見のほうが結果的に正しいケースが多い。これも自分自身で雑用を手がけ、現場を踏んでいるからこそ分かることで、経験の違い、こなした雑用の差が判断に出ているのである。

雑用こそ生きた修業、二十代でもっと努力せよ！

体で覚えた雑用体験が、苦境を乗りきる知恵を生む

つまり、「雑用は判断の揺りかごなり」とは、繁雑さを厭わずに多くの雑用をこなすことで的確な判断力が身につく、ということだ。これは「ご神業の道」にも、そのまま通じている。

繰り返すが、厭わず雑用をやってきた人は、何か問題が起きた場合でも、どういう措置を取ったらいいかが分かる。だから迷いがない。彼らは的確な判断を下せるし、当面する問題が難問であっても、それを解決することができるわけだ。

これは個人的な問題だけではなく、組織にしても同じである。こういう人が組織のリーダーや長として組織運営や経営に当たれば、仮に苦境に立ったとしても、まず最悪のケースは免れる。盛り返すことも不可能ではない。

逆に、そういう雑用をやってない人、経験の少ない人には、どういう措置を取ったらいいかが分からない。せいぜい、頭では分かる。しかし、頭で分かっただけではダメなのだ。やはり知識や経験が、きちんと身についていることが必要不可欠なのである。また、雑用をたくさんこなしていないから、頭で分かったような気になる。だから、マニュアル通りの判断しか下せない。

しかし現実はもっと複雑だ。経営には、マニュアル通りにいかないことのほうがむしろ多い。だから具体的に問題が起きた場合、その処理に当たっての判断が微妙に狂う。現実とずれてしまうわけだ。そこが問題なのだが、雑用をこなしていない人というのは、そのことに気づくことができない。結果的に、問題を解決するどころか、さらに悪化させたり複雑にしてしまうことが多くなる。

体を使い、頭を使ってきた人物は必ずトップに立てる

結論からいえば、実用・実務とは何かというと、それは雑用なのである。膨大な雑用＝実用・実務を、厭わず体を使ってやりこなしてきた人は、どの分野、どんな組織、どんな人間の集まりの中でも、必ずトップに立つことができる。的確で総合的な判断が下せるからだ。

雑用という現実に肌で触れて、現実に即応した判断の基準を身に付けているのだから、それはむしろ当然のことといえる。そして、そういう人のところには、いろいろな人が救いを求めて集まって来る。大勢の人たちが、人生の道を求めてくるのだ。

会社の中でもいろいろな運営がある。支社の運営をはじめ、企画部の運営、広報部の運営、人事部の運営、商品管理部の運営……。時には問題も起こるだろうが、それをうまく処理し上手に運営できるのは、雑用を積極的にやって、やりこなしてきた人。そういう人が中心になって運営されるのが一番いい。

とはいえ、雑用をこなしただけで経営者になれるというわけではない。当然ながら、論理性や説得力などの能力も必要となる。

しかし、頭脳がよくて論理性や説得力などの能力があっても、雑用をこなしていない人は本当の意味での説得力がない。何故なら、人情の機微が分からないから、説得に本当の温かみがこもらない。それも広い意味では、判断のずれにつながっている。

むしろ本当の非常時には、例えば学歴もない中年のおばさんのような、普段から掃除や人のお世話などの雑用を率先して行なっている人のほうが正確な判断が下せる。何故ならば、雑用をこなすことで「あんなこともあった」「こんなこともあった」「あの時にはああした」「こんな時にはこうした」「すったもんだの末ああなった」――というような諸々の現実的な事象を、たくさん体験できているからだ。

そんなおばさんのパワーのほうが、よほど説得力があるし、根性がある。何か問題が起きたときに、そういうおばさんが出てきて意見を述べたら必ず解決する。解決できないようなことでも解決してしまう。よく見ると、何の論理もなく迫力だけで押しているようなこともあるが、それでも周囲の人たちは、おばさんの言葉に納得してしまう。それは、経験の重みから出る迫力に裏打ちされているからである。そういう人が中心になって運営されるのが、人がついてくる運営、ということだ。

どんなトップが最高か!?――トップの人格「上」「中」「下」

お分かりいただけたと思うが、トップの条件としては、論理性や表現力、要約力などの能力を持っていて、なおかつ雑用もこなしてきたという、両方を兼ね備えている人が最高である。もしそのどちらかが欠けている場合には、雑用をやりこなしてきた人のほうがいい。

逆に、頭と論理だけでやってきた人がリーダーになっている組織は冷たい。リーダー自身が人情の機微を解さないから、どうしても人間味に欠けた判断になる。仮に問題点を合理的に整理していたとしても、そこに、人間としての気持ちがこもっていないから、温かみが感じられないわけだ。そんな人や組織には、誰もついていかない。

まとめると――、

論理性・学術性・表現力・文章力・要約力などの能力を持ち、頭脳の優秀な人で、なおかつ雑用をやってきた歴史のある人。そんな両方を兼ね備えた人が、リーダーや指導者の資質としては文句なく一番。

二番目は、学歴がなくても、自ら率先して一生懸命に雑用をこなしてきた誠実な人。

三番目は、論理や知識だけでやってきた人。こういう人は頭脳は優秀だから、リーダーや指導者になる資質はある。願わくば「もっと雑用をこなせ」ということだ。

「社長」や「先生」と呼ばれることの恐ろしさ

人格が高いから、下座《げざ》の行《ぎょう》ができるのだ

ところで、神様事というのは「御魂《みたま》の修業」である。だから、雑用を厭わずに黙々と行なうそのことが、とりも直さず御魂の修業になる。雑用だからといって厭うことなく、積極的に体を動かすということは、実は非常に偉大なる実践である。このことの意味を、十二分に噛みしめて欲しい。

そういう、雑用の実践を「下座《げざ》の行《ぎょう》」というが、これができる人は「上位の心」を持っている。だから、ごく自然に「下座の行」ができるわけだ。「御魂の修業」は、同時に「御魂の表現」でもあるのだ。

下位の心の持主には「下座の行」はできない。おまけに、人一倍上のほうにいきたい願望が強く、他人をこき使ってやらせる割には、自分はしない。あるいは、大したこともしていないのに、ふんぞり返る。これは「下位の心」。心が低いレベルにあるわけだ。だから、逆に「下座の行」ができない。ただ高いところに行

きたがって、もがいているだけだ。

念を押すが、高位の心を持っているからこそ、「下座の行」がごく普通に行えるのである。そういうところに、本当の宗教性、魂や人格、神なるものの輝きがある。

そんなことを、私は何時も掃除をしながら思っているわけだ。

「下座の行」ができる上位の心を磨く法

私は、三十数年前にそれに思い至り、ずっと今まで、その思いを持ち続けてきた。けれども、皆さんに「先生、先生」と呼ばれてしまうと、実は私自身でさえ、ついつい忘れがちになってしまう。

そこで私は考えた。いかなる立場に立ったとしても下座の行のできる上位の心を忘れない法はないかと。その結果、これだという結論を得たので紹介しよう。

それは、頭で分かっているだけではダメなのだ。体を使わなければ本当の意味で理解できないし、その理解が身に付かない。だから、結論は、「体を動かす」

ということであった。中でも一番いいのは、掃除と後片付け。そして、持ち込まれた悩みや相談に親身になって応じることである。

人間関係の「ああでもない」「こうでもない」とすったもんだするトラブルを、一つずつ解決していく。これも「下座の行」。したがって、「そんなぐちゃぐちゃなら、もう、ごめんこうむりたい」といって逃げてしまってはいけないのだ。

人の悩み相談にのるのも神業《しんぎょう》だ

女の子というのは、ある時は調子よく「頑張りま〜す」とか何とか言っていても、次の瞬間には「しゅん」と沈んでしまうことがよくある。どうしたのかと聞くと、

「悩みがありまして……」

という。

彼女たちは、家の問題、結婚の問題などの他、「あの人のあの言葉が胸に刺さった」とか、「あの人のあのやり方についていけない」とか何だとか、多くの悩

みを抱えている。そういう悩みや相談が、私のところにもたくさん持ち込まれる。気持ちはよく分かる。

「そうか。そういう気持ちでやったんじゃないだろうけれど、あなたのようなおとなしい人は言われると牛耳られちゃうよね」

「そうなんです」

「そういう時には、その人よりもうちょっと強い人とチームを組めばいいんだよ」

「ハイ……」

「二人でやると、その迫力の強いほうに負けるから。どんな人間にも天敵があるからね。コブラでもマングースには負ける。だからマングースを探せばいい。マングースとお友だちになって、何時もその友だちと一緒にやれば、マングースが恐いからコブラは来ないじゃない」

そんなやり取りを、これまで何万回となく繰り返してきた。今でも連綿と続いている。あまりにもグチャグチャな悩みを聞く時には、今でも「面倒臭い」と思うことがどれほどあるか——。しかし、その思いは一瞬のうちに消してしまう。

それを嫌がっていたら、絶対に「神様の道」やその考えは分からない。だから逃げるわけにはいかないのだ。

女の子の場合は、特に心の浮き沈みが激しい。今日浮いているかと思うと、明日には沈んでいる。一日の間にも浮き沈みする。それは、感情の豊かさの裏返しでもあり、女性の特徴でもあるわけだ。

その点、男性の場合は浮きっ放しか、沈みっ放しのどちらか、はっきりしている。もちろん、時々は浮いたり沈んだりするわけだが、その振幅が女性とは全然違う。

こうした男女の違いを考慮することなしに、人と人とが協同してやっていく組織や仕事、プロジェクトは成り立たない。成り立たせるためには、上に立つ者は、当然のことだが、その悩み事のもつれた糸を解くという膨大な雑用をこなしていかなければならない。これは大変なことなのだ。

雑用の中にこそ最高の修業あり

しかし、それを「大変だ」と思ってはいけない。繰り返すが、雑用こそが「下座の行」。その人間が「下座の行」を行えるのは、「上位の心」を持っているからで、実は、そこにご神業の本質がある。そこにこそ、より素晴らしい御魂を目指す、大きな夢と理想と希望があるわけだ。

ただし、誤解して欲しくないのだが、よく、

「大きな夢と希望を叶えるためだから、これぐらいのことは辛抱しなければいけないだろう」

と言う人がいる。これは間違いである。というのは、「大きなもの」というのは抽象的な事柄、抽象的なビジョンにすぎないからだ。具体的なご神業とは、他でもない「これぐらいのこと」である。「下座の行」である雑用こそが、ご神業そのものなのだ。

膨大な数の雑用を一つずつこなしていく、そのプロセスが全てご神業なのである。相談にのる。そしてまた相談にのる。そして、また同じようなことをぐずぐずと……。その一回目の「ぐず」、二度目の「ぐず」、そして三度目……とちゃんと聞いて受け止めてあげて、解決に骨を折ることがご神業（修業）なのだ。

よく「私は毎日修業をしております」といって、お経を毎日唱えている方がいる。確かに、お経というのは、ポリシーと明確な方向性を持っていて、それを唱えることで功徳を積むといわれる。したがって、数多く唱えるほどいい。つまり、数や数値に換算できる。しかし、お経を唱えることがご神業かというと、そうではない。

ご神業の実体、いわば「本当に生きたご神業」とは、雑用をこなす際に直面する「ぐちゃぐちゃのプロセス」なのだ。

葛藤とジレンマ。人間が生きていく限り、揉め事や対人関係の些細なことが連綿と続く。それは逃れることができない「人間の宿命」といってもいい。そこにご神業の実体がある。だから、雑用をこなすことを時間の無駄と思ってはいけない。それで時間を取られてしまうというなら、それこそ有効な時間の使い方とは何なのかを考えるべきだ。

雑用の間隙《かんげき》を縫って本を読んだり、仕事をしたり、神様事をしたりする。実際、最初のうちは私もそのようにしていた。ところが、あまりにも悩みや相談事が多く寄せられるので、発想の転換をした。ご神業の実体が、そうした雑用をこなすことにある、と気づいたのだ。

人の口を通して、神の教えを受けとる

だから今では「ぐちゃぐちゃのプロセス」を慎重に見ている。自分の会社のスタッフの、試行錯誤する「ああでもない」「こうでもない」というプロセスを見守っていると、ぱっと閃《ひらめ》くものがある。神様が教えているわけだ。その神様が教えてくれるものを読んでいけば自《おの》ずから解決策は見つかる。神様のお導きだから、これほど確かなものはない。したがって、皆さんに対しても的確なアドバイスができることになる。

このことが分かってからは、ごちゃごちゃ、ぐたぐたの雑用のプロセスは、御神示が下る瞬間だと思っている。そうしたごちゃごちゃ話をお弟子や会社のスタッフから聞いている時には「ああ、神様がこの子の言葉を通して教えているんだ」と思う。そのように信じた途端、皆がぐちゃぐちゃしているのは、神様に使われているからだ、という価値あるものに変わる。そのぐちゃぐちゃの中に、神

様はちゃんと教えを提示してくださっている。ぱっと閃く瞬間を与えてくださっている。そういうことが、すっと私の中に入ってきたわけだ。

それからは、本当に雑用・雑務が楽しくなった。今も、掃除や片づけものをしていると、ぱっと閃きがやってきて、物事が整理されていく。頭の中が整理されて、自分が今まで気づかなかったところが分かる。そのように神様のお導きがあるのである。

だから、雑用・雑務、人間関係のごたごた、ぐちゃぐちゃした問題などを「こんなこと」とは思わず、一生懸命に取り組む。それが、実は一番日常生活で大事なポイントなのだ。

その一刻一刻の中に、神様は、人間――同性・異性を問わず、現代の人たちの気持ちや魂や心――を理解するための、格好の教材を与えてくださっている。そこに教えがある。この点を自覚することが、究極の神業なのである。

決断がつかない時どうするか

「いろいろと迷う道にも、神仏の守りと導きがありて好転す。迷うことと悩むことを厭うことなく進む時、神明《しんめい》の加護《かご》ありと知るべし」

これは、いつまでもああしよう、こうしよう、どうしようといろいろと迷ったり、悩んだりしているある女性に対して、彼女の守護霊が伝えたがっていたメッセージを、私が取り次いで書いてあげたものである。

これは迷った時のいい解決法なので、本章最後に紹介しておこう。

迷い悩みは実は有難いことで、その中にも必ず神仏の守りと導きがある。そして迷い、悩みながらもいい方へ、いい方へと変わっていくのである。そういう状態の中に、あなたはいるという意味である。

だから、迷いや悩みを厭わずに進んでいけばいい。進んでいく時に、初めて神明の加護が与えられるものなのだ。それを、進むのを嫌だといって尻込みしていては、神明の加護はない。進んでいくことで道が開けてくる、といっているのである。

今の迷い、悩みから逃げず、それを恐れずにやっていけば、光明《こうみょう》（悩み解決の神の叡知）を得るわけだ。だから、迷ったり悩んだりするのを厭わず、突き進むことが現状打開の一番の策なのである。

人は何か行動を起こせば、必ず迷いや葛藤は起きるものだ。だが、何もしないで悩みがないよりも、突き進んで悩み葛藤のいろいろある人生の方が百倍いい。

そんな神の意志（進歩・向上・発展）に叶う前向きの人には、神の守護がないハズがないのである。

大いに前向きに、悩み葛藤していこうではないか。解決策はその中にあるのだから。

第2章

結婚運・恋愛運はこうして摑む

相性に囚《とら》われると結婚できない

相性よりも相縁を大切にするのが結婚だ

結婚前の男女で、相性を気にしている人は多い。結婚して仲良くやって、幸せになりたいと夢みる気持ちはわかる。しかし、それにとらわれすぎると婚期も逃すことになる。

それでも多くの人は、どうしても相性が気になるようだ。だが本当は、相性よりも相縁の方が大切なのである。つまり人間関係で最も重要なことは、相性が合うか合わないかよりも、縁に合うかどうかなのだ。相性が悪いと占いに出ていても、縁がある人はうまくいっている。そういうケースはたくさんあるのである。

ところで、相性判断ほど難しいものはない。気学、ホロスコープ、姓名判断にタロット、何で観るにしても相性判断は難しい。例えば、ホロスコープでは仲が悪いはずの人々が、けっこう仲良くやっているケースは山ほどある。

ホロスコープで仲が悪いと出て、本当にウマが合わない場合もある。しかしそれが父母兄弟や、夫であれば、その人とやっていかざるを得ない。そこで、知恵を使う。

相手の性格や相手との距離がある。これを利用するわけだ。相手の性格をよく踏まえ、辛抱するところは辛抱する。あるいは、敬して距離をとる。心理的・空間的・時間的な距離を置くことで摩擦も少なくなる。実際、相性が悪くても、自分にない素晴らしいものを持っている人は多いわけだから、つき合い方を工夫することでやっていけるはずだ。

相性が悪い人の方が、いざという時頼りになる

私は、相性が悪い人とでも忍耐だと思ってつき合う。ところが何かあった時には、相性が悪いと思っていた人が、一番力になってくれることが多い。逆に、すごく相性のいい人というのは、本当に波長は合うけれど、いざという時には全然役に立たなかったりする。概して、素直で明るく、いい人は役立たない。誰でも、ついそういう人を大事にしがちだけれども、実は偏屈で頑固で、やりにくい人物

と言われる人の方が、大抵、現実界を乗り切る迫力と実力を持っているものだ。

ともあれ、相性より相縁のほうが大事である。縁がある人とは、多少相性が悪くとも相縁を大事にする。それが結婚である。

あなたも、相性を気にせずにつき合い、そして結婚を決めるべきである。人間には長所もあれば短所もある。誰しも短所はあるわけだから、その点だけ見てはダメだ。大事なのは、基本的にいい人かどうなのか、霊層が高いのかどうなのか、人生観がどうなのかなのである。

多少の短所は自分が辛抱すればいい。全く辛抱のない結婚はあり得ない。だから、耐えられる辛抱なのか、耐えられない辛抱なのか、その見極めが大切なのである。

いい結婚の三大条件

私は以前、神様から理想の結婚の三大条件というのをこう伺った。それは、

一、兄弟のような関係である。
一、自分に足りない所を相手が持っていて、補ってくれる。
一、互いに、同じ目標の部分がある。

であった。

なるほどと思う。神様は決して星の相性がどうのこうのとは一切おっしゃらなかったのである。

世間では気学がどうとか星がどう、あるいは姓名判断がどうなどというけれど、相性という点においては、これらはあまり当てにならない。先ほど相性判断ほど難しいものはない、といったが、これを裏返せば、相性判断ほど当たらないものはない、ということになる。

要するに、相性よりも相縁。つまり相性を気にせずつき合い、人間をみて結婚を決めることである。

結婚できる人と、結婚できない人の決定的な違い

結婚できないのは、本人に問題があるのだが……

先日、三十四歳の独身の男性から、こんな質問を受けた。

「救霊（邪霊、悪霊、不成仏霊などの救済）を受け、開運グッズも購入したのですが、なかなか結婚できません。これはグッズの効果がないのか、それとも私の因縁が強いからでしょうか。また、前世の因縁は現世で祓《はら》わなければならないのに、他人にお祓いしてもらって済むのでしょうか。自分でやった悪い行ないが、他人に祓ってもらえるのでしょうか」

このことは大切な内容なので、少し解説しておこう。

はっきり言うと、グッズや救霊というものにより、その人の結婚運はある程度近づいてくることは間違いない。異性の友だちが現われたり、紹介されたりなどチャンスが出てくる。そういうキッカケを、救霊やグッズというものはつくって

くれる。出会いがあったり、異性のほうから「いいな」と近寄ってくるわけだ。実際に恋愛運を開かせてくれる『道祖神』や『恋人招来ロゴ』などを身につけたら、異性と出会うチャンスが次々訪れたという話は頻繁に聞く。また、救霊を受けたら途端に「異性が接近してきました」などと嬉しそうに話してくれる人もよくある。ここまでは神霊の働きと、霊的な援助がある。

ところが、それから交際、プロポーズ、挙式と、そこまでいくのには大変な山があり谷がある。その努力を怠って、全て「神様、お願い」では通らない。

ここで私がいいたいのは、神仏の応援は目に見えない世界ではしっかりして下さっているのに、肝心の本人の現実的努力が欠けている場合がある、ということだ。

そこで、結婚に至らない独身の人に、アドバイスをしておこうと思う。

モテる男は顔や学歴じゃない

男性の場合、チャンスはできるが結婚まで至らないケースには、一つの方程式がある。私は、常に彼女にはこと欠かない人などいろいろなモテる男性、そして対照的にモテない男性を見て「人間関係動物園説」という仮説を得ている。

つまり、一方には次々に女性をものにする「モテる」男性種族と、他方には頭がよく、教養も人格もあるのに全く「モテない」種族がある。仮にも人間を、動物と同レベルで扱うのは失礼だが、この二つの種族を冷静に観察し、ついに、ある永久不変の一定法則を発見した。この大発見をした時は、さすがに私も喜んだ。

この秘訣があるからこそモテる種族は、仮に大して学歴もなく、教養もなく、酒は飲むわ、賭博はするわ、顔といっても部品がつくべきところについておらず、忘れたころに顎《あご》がある、そういうすごい顔をしていてもモテるのだ。

もっとも中には色情霊がついていて、相手にそういう気持ちを持たせ、霊的に誘っていることもある。しかし一般的には、次々と女性をものにし、「結婚して欲しい」と迫る女性を振り切っていながら、本人は女のことで全然苦しまない、「女性の事では悩みませんよ」という男性は、十人中十人まで、ある秘訣を体得しているのである。

秘伝！　このセリフが女性をものにする決定版！

ではその、女性をものにする秘訣とはいったい何か。それは、「あなたは素晴らしい。僕の会った中で最高の女性だ。是非、結婚して欲しい」というような台詞《せりふ》が、スラスラッと口から出るということである。

たったこれだけのことなのだが、モテない男性はこれが口に出せない。おまけに、本当に純粋で、一途に好きになってしまう。丁度、島崎藤村の「初恋」のような、

「まだあげ初めし前髪の　林檎のもとに見えしとき
前にさしたる花櫛の　花ある君と思ひけり」

といった感じでトキメいている。それなりに文学的素養はある。だが、いざとなると台詞がスラスラッと口から出てこない。だから、女性は「自分が好かれている」ことを実感できなくて、去っていく。結果として、あこがれの女性たちは、次々醜男にとられてしまうのだ。こんな悲劇は古今東西に山ほどある。

醜男でも、モテる男たちは平気で気障《きざ》な台詞を口に出せるのだ。女性はその単語で酔わせてほしい。だから、今日は言ってくれる、明日こそは口に出してくれる、という願望を抱いて、密かに期待している。

ところがモテない族の男性は、折角会えても顔を真っ赤にして通り過ぎていくだけ。あるいは、クレープを食べながらチラチラ見てる。女性の方は私に気があるんじゃないかと思って、期待をする。にも関わらず期待が裏切られるから、

「私に堂々と言ってこない。男らしくないわ」

ということになってしまうわけだ。

で、今日も日記に、「男が一人クレープを食べていた」と書き込む。そんな女の日記の主人公になったらダメなのだ。

要するに、真面目であればあるほど、純情であればあるほどモテない。これは私の過去の苦い経験からも言える。特に私の場合は、少年のようなウブな日々があまりに長かったので、恋愛対象にはならなかったと思われる。

女性をあまり美化し過ぎぬこと

モテない族の行き詰まりの原因は、女性を美化して考え過ぎることである。これも、私の経験から体得したことである。

その女性をスゴイ存在だ、と思う気持ちが、声もかけられないような、いらぬ緊張感を生み出し、奥手な私にしてしまっていたように思う。その思い込みが取れたのは、なんと十八歳にもなってからだった。そうして、ナンダ女性だって書道の欠点の多い烏滸《おこ》と全然変わらないじゃないか、と思うようになった頃から、金しばりのような女性への緊張感がすっかり取れたのだ。

すると途端に、私はモテだしたのだった。だが時すでに遅し、私は神の道に入って、恋愛を捨てた後だったのである。

今はこれだけの秘伝を知っていながら、実際に恋愛で用いることなく、人様の相談と救済にのみ用いているというのは偉い、と我ながらつくづく思うのである。世の中とは皮肉なものである。

来世は聖フランシスコ⁉

そういうわけで私は、モテる極意を会得したのだが、用いることなく、代わりに神様とうまくいって、神霊の加護を受けている。だが、せっかくだから、来世にはこの研究の成果を使ってみたいと思うのだ。

できれば来世は、聖フランシスコの線でいってみたいと思っている。聖フランシスコとは、若い頃に女遊びをさんざんして苦労もしたが、後にある霊的閃きがあって聖人になった方である。なんと素晴らしい人生だろうか。やるだけやって、何一つ思い残すことがなくなってから神の道へ……いいじゃないかと思うが、神様が許してくれるかどうかはわからない。

話が脱線したので、元へ戻そう。それはともかく、モテない男性というのは、女性を感動させる台詞が言えない。いくら救霊をしても開運グッズを買っても、表現の下手が治らない……。それは、考え方と性格の奥に潜む、強い「色情因縁」の影響が行動に顕われているのである。

その「結婚できない」という因縁を解決するには、意中の人に会った時、キチンと「あなたは最高だ、美しい、僕の過去に会った中で最高だ」と、実際に思っても、思わなくてもいいから言霊《ことだま》(言葉)に出すことだ。そのためには、毎日言葉に出して、スラスラッと何の抵抗もなく愛の言葉が言えるように、訓練をすることである。

「天地《あめつち》もうごかすばかり言《こと》の葉のまことの道をきはめてしがな」

という歌が明治陛下にあるが、

「女心もとろかすばかり言の葉のウソでもいいからいってみよう」

ということで、言霊の訓練をすることである。

実際、男性が愛を伝える言葉を口に出すことで、女性は真剣に結婚を考えるようになるのである。実例を次に紹介しよう。

女心はプロポーズで揺れ動く

私がよく知っている方で、とても美しい二十三歳の女の子がいる。

彼女はある会社の受付をしていた。それが、こともあろうに、全然さえない四十過ぎの、まったく顔も良くない男性から手紙によるプロポーズをもらったのだ。ところが彼女は生まれて初めて言われたプロポーズだったので、三カ月もの間真剣に悩んでいた。

結婚しようか……、よそうか……。

そんな見知らぬ男性からのプロポーズに、女性とはこんなにも動揺するものかと私は驚いた。周囲の女友達にも毎晩何時間も電話で相談していたし、結局、私のところにも相談に来た。じっくり話を聞いてあげた末、彼女の一番幸せになる道はどちらか、ということでアドバイスをして差し上げた。その結果、「結婚しない」という結論に達したのである。

それにしても「結婚してほしい」という言葉のパワーには、本当に驚くべきものがある。だから男性は、プロポーズの言葉をここ一番のため、婚期が充実したいい時期に使うために、普段から練習をしておくことである。でなければ、最高にいい相手の時（つまり本番）に言えずに、彼女が通り過ぎて行ってしまうことになるからだ。

普段から「きれいだ、美しい、君は最高だ」と、誰に対しても言うこと。そういう言葉を言えるのがモテる男性であり、モテない男性はその言葉が口に出せない。頭脳の良し悪しでも、顔の良さでも男振りでもない。これができるかできないかの、紙一重なのである。たったそれだけのことだ。しかし、それがなかなかできないのである。

いいなと思っても、もしそんなことを言えば嫌われるんじゃないか、嫌われた時の悲劇を考えたら、いいか悪いか分からないままでもいいから、その間を楽しんでいようと思って、彼女の名前（もし花子なら）、花子なんて書いてある消しゴムを買ってみたりしてしまう。あるいは、花子というバーに行ったり。そんなことをしている間に、あなたよりずっと無神経な誰かが、花子さんにプロポーズ。あなたは見事に、また婚期を延ばしてしまう。これはモテない男の一つのストーリーである。

いかがだろう。ここまでハッキリ書けば、すっきりした人が多いのではないかな。私は、相談に来るお弟子にもそんなことまで教育しているが、これは師匠と同じ悲劇は味合わせたくない、という親心なのだ。

プロポーズをされるのは誰でも嬉しいものだ

要は、普段からそういう練習をしておくことが肝腎。そして「ひょっとして女性から嫌われるんじゃないか」などと、一切考えないことである。私は幾つもの実例を見ているが、男性から、

「結婚してほしい。君は素晴らしい。僕のこの情熱は、決して誰も消すことはできない。もし嫌だといったら、この場で死ぬんだ」

などと、愛を告白された女性が、

「先生、困ってるんです。何とも思っていなかった人から、あんな情熱的なプロポーズを言われてしまって、生霊《いきりょう》がどうのこうの」

と、私のところにくる。ところが、そういう言葉とは裏腹に、顔の奥に笑顔が隠れている。嫌そうに言ってはいても、満足感と充足する笑顔があるわけだ。百人が百人そうだと言っていい。確かに、

「あなたのことが好きです。結婚して欲しい。最高だ」

と言われて迷惑することもあるだろうが、心から本当に「嫌だ」という女性がいるだろうか。女友だち同士で、

「またね、彼、電話かけてきてこんなこと言って。本当に困るのよ。もうお稽古ごともできないし、寝不足になって困っちゃうわ」

「でも、あなたはいいわよ、そういう電話がかかってくるんだから。私のほうなんて全然ないんだからね。そう言われるだけいいじゃないの。先月も言われたでしょう、その前の月もでしょう、私は全然ないわ」

というような会話が交わされる。女の子にとっても、そういう会話を交わすのがどこか楽しい。充実した一時なわけだ。だから日本全国の男性諸君！　愛の告白を堂々と言葉にして頂きたい。

「きれい、素晴らしい、最高、つき合って欲しい、交際してください」

陳腐な言葉でもいいから、はっきりと口に出して相手に伝える。交際して初めて、いい悪いが分かるのだから、結婚するかどうかは後で冷静に考えればいい。

ただし、くれぐれも早まった行動をして相手を悲しませないように。そして、水子なんかつくらないように。それは悲劇だ。女性を悲しませたり、不幸にして

はいけないが、いい恋愛は人間を磨く。女性とのつき合いはあったほうがいい。つき合う女の子のいない青春時代なんて、コーヒーのないクリープ？　みたいなものだ。その心は、味気ないだけだ。

そういうことだが、この秘法を悪用されると、私は神様に罰せられることになる。やはり自分だけでなく相手も幸せにすること。そして、有意義なひとときを送る。いい情報を交換し合ったり、ときには、守護霊の話とか私の本や、セミナーで交わされる話の内容を話題にするとか。そういう努力をすれば、神様も守護霊も喜ぶのではないかと思う。その中から、結婚に適合する女性を選べばいいわけだ。女性もそれを待っているのだから。

好きな人が現われたら、早く、ハッキリと伝えよ

ただし、今の若い女性を見ていると、彼女たちにとってはボーイフレンドも、自動車やアクセサリー、あるいは帽子とかいった、そういうファッションの一環としてあるような感じを受けてしまう。ボーイフレンドを選ぶ基準は顔に学歴、

スタイルetc。何か、什器備品の一種を選んでいるような気がする。

そういう風潮の中で、男性は結婚の相手に、本当に内面性がよくて、一生涯の伴侶として適当な女性を選ぶとなると、どういう方法があるのだろうか。

パターン化された昔の方法をそのままなぞるのではなく、新しいやり方が必要だ。つまり、ここまで述べてきたように、はっきりと言葉に出して伝える。そうでなければ、相手の女性にはあなたの真意がきちんと伝わらないからだ。

「色にでにけり」なんていう、古風な平安時代のやり方をしてもダメだ。現代は、言葉をはっきりということが絶対必要なのである。

一万回のプロポーズで、遂に結婚を決めた！

私の主宰するワールドメイトの会員（三十代の男性）の方で、私の言ったことを実践したことで、幸運を手に入れたという人がいる。

この男性、一目惚れした彼女に、なんと一万回以上も、

「結婚してください！」

と言い続けたのである。

一万回以上ということは、三年間、一日も欠かさず彼女に電話をするか会うかして、その度ごとに、迷うことなく十回ずつ「結婚してください！」と言い続けたのである。もう話の合間にプロポーズという感じである。

これにはさすがに、いつしか彼女も電話を待つのが習慣になってしまって、「この人しかいないのでは……」と思うようになったという。

この女性も幸せ者だと思うが……。

ちなみに、この男性によくよく話を聞いてみると、今までに合計一万三千回以上のプロポーズをしたという。その内三千回は、彼女に出会う前に、他の女性にというのだから、驚きである。ただしくれぐれも、暗い執着心で「結婚してくれ〜」とネチネチ迫るようなことはやめよう。夜討ち朝駆けや、相当に嫌がられているのにゴリ押しするような迷惑も、神の道に反する。

あくまで明るく、さわやかにプロポーズして、どう見ても見込みがなければスパッとあきらめること。そして、また次の恋に明るく燃えていくことをお勧めする。その努力と心の切りかえのプロセスまでも、実は神様はご覧になっているのだ。

プロポーズは、普段から練習しておこう

先の例の人も、本命に出会う前に、三千回ものプロポーズをしている。これからもわかるように、普段から練習しておかないと、ここ一番で御魂《みたま》のご縁のある人を得られない。結果的に得られたとしても、相当に屈曲することになる。だから、この人が「いいな」と思ったらササッと交際して、スパッと結婚することだ。最近では、出会いから三カ月以内に挙式し、新婚旅行から帰ってきたら、ちょっと時間がずれて子供が生まれる。そういうケースなどもよくある時代だから、あえてこういう究極の結婚秘策にも、悩める人たちの救済と思って取り組んでいるわけだ。

何度も繰り返すが、モテるモテないは、口説き文句を口に出せるか出せないかの違い、たったそれだけのことだ。人間の値打ちとは何ら関係がない（但し、あまりにも人間的中味を磨くことを怠っていれば、口説いた後で馬脚を現わしてしまう

ことは言うまでもない)。

口説き文句を口に出せないという性格。それは本人の責任である。まず、これを変える努力を自ら行なって、あわせて救霊(私どものところでやっている、先祖の悪い因縁を取り、運勢を悪くしている諸々霊を救済すること)をお受けになることをお勧めする。

神様は精一杯、出会いの機会を仕組んで下さっている。後は本人の努力にかかっているのである。そのためには、普段から歯の浮くようなことが平気で言えるようになるまで、練習をすることだ。

皆さん、朗報をお待ちしている。

結婚を半年以内にする法

世の女性たち、目を覚ませ! 結婚するなら現実を見なさい

ここまで、男性を中心とした結婚できない悩みの解決策を述べてきたが、それでは女性の結婚についての大切なアドバイスを、ここで言っておこうと思う。

これは、二千人を超える人たちを集めて行なった、私のセミナーの中での問答《もんどう》の一コマである。結婚への壁となっている観念をブチ壊す意味で、ここに紹介してみたいと思う。

これを悟ることができれば、あなたは近々必ず結婚できるだろう。

我らの人生の指南番
三休禅師の女性救済問答《もんどう》一題！

三休禅師の名問答シリーズから抜粋

※問答とは――三休禅師が神霊や相手の人の守護霊、守護神と合一して、神霊能力でその人たちの心の中を全て見抜き、その人の考え違い、心得違い、思い込み、欠点などにメスを入れ、気付かせ、その行き詰まった運命や境地を一気にブチ破り、開き、引き上げるというもの。禅宗で行なわれている問答とは一味違った高度なものである。

今回登場する女性は、独身のＹ・Ｋさん。平成二年二月二十二日に行なわれたこの問答は、会場に集まった二千人の参加者を対象に行なわれた。三休禅師が、行き詰まっていそうな人たちを参加者名簿の中より直感的に見抜き、そうして選ばれた四十人余りが一人一人受けたものの中の一つである。名前を呼ばれた人にマイクが回され、三休禅師は会場を歩きながらその方に質問し、答えて頂くという形式で行なわれた。この問答をあなたも一緒に考えながら読んでみて頂きたい。

三休禅師　Y・Kさん（女性）。
Y・K　「ハイ……」
三休禅師　中国大陸と日本列島と、どっちが大きいですか？
Y・K　「中国大陸が大きいと思います」
三休禅師　どっちに住みたいですか？
Y・K　「日本列島……」
三休禅師　ナゼ？
Y・K　「……」
三休禅師　大きさよりも、中身の密度でしょ。
Y・K　「ハイ……」
三休禅師　身長が低くても、中身がよかったら、いいじゃありませんか。
Y・K　「ハイ……」
三休禅師　だけど異性に対しては、中国大陸のような人を求めるんですね。

Y・K　「……」

三休禅師　あなたは恋人がいるんですか？

Y・K　「イエ……」

三休禅師　中国大陸のような人を求めているんでしょ、見たところ……。

Y・K　「ハイ……」

三休禅師　背が高くて、心が広くて、世界的にも有名で、カッコイイ。日本列島なんか小っちゃくてコセコセしてますよ。だけど、どっちが中身が豊かですか？

Y・K　「日本列島…です…」

三休禅師　日本列島にいますよ。フィアンセが。

Y・K　「ハイ……」

三休禅師　どこにいると思いますか？　日本列島の……。

Y・K　「どこで…しょう……」

三休禅師　そばにいますよ……。人間というものは、最良の人というものは、そんなに遠くの方にいるわけじゃない。隣の国の、広い国の、大らかな、許容力のある、と思うんですけど、実際行ってみたらたいしたところじゃない。

自分は日本列島にいるんだから、隣近所にいる人は日本列島の人なんですよ。見た目は地味でも、すぐそばにいる人の中に、豊かなる人がいるんです。「あー私の理想の男性は……」と遠くを思う。だからいい縁《えにし》の男性《ひと》がそばを通っても見忘れます。見過ごします。その距離感を縮めないと、縁談は遠のくばかりですよ。

Y・K「ハイ……」

これがわかれば、あなたも半年以内に結婚できる!!

恋愛ブームの落し穴

今は「恋愛ブーム」といわれていて、テレビでは恋愛ドラマが大流行である。

もっとも、人を愛し、自分も愛されることは素晴らしいことであるから、恋愛はいつでもブームであっておかしくない。

ところが、ブームのわりには素晴らしい恋愛があまりない。反対に「結婚できない症候群」の方が実際には流行してるのではないだろうか。

私のところには連日、数え切れない程の方が相談にいらっしゃる。結婚できないという悩みを持つ方の相談を、実にたくさん受ける。そうすると、やはり愛されないとか、モテない人には、やはりそれぞれ原因がある。

特に男性は深刻である。「三高」とかで、高い身長、高い学歴、高い給料の男性じゃないと人じゃないみたいに言われている。一般に女性の側が選択権を握っているような風潮である。

ところが実際は、そうとも限らない。結婚できない女性は、男性と同じほど多いのである。結婚とは男と女がするものだから、結婚できない男性が多ければ結婚できない女性も同じくらい多い。

恋愛ブームがテレビの中だけでなく、多くの方に現実となるように、私はここに、実際に結婚できた女性の真実の声を載せ、結婚できない悩みを持つ女性の方々へ、結婚のためのアプローチをご紹介したいと思う。

ケース1　アイドル願望を捨てたら素晴らしい男性が近くにいた

沢口喜子さん（仮名）は昨年五月に結婚をされた。当時二十九歳、相手の男性は同じ製薬会社に勤める、五歳年上の方である。

よくある社内結婚と言えばそのとおりだが、本当の幸せとは、それを見つける力がありさえすれば、こんな具合に近くにあるものである。

喜子さんは自分の経験をこう語っておられる。

「私って、大学にいた頃から、自分で言うのも変だけど、すごく理想が高かったんです。薬学部って女性が多いせいもあって、同級の男性ってみんな小さくなってるみたいで、それで女の子同士でいつも悪口言ってたのね。

そのせいか、会社に入っても、全然まわりの男性ってメじゃない感じで。それで結婚のことを考えないわけじゃないけど、まわりの男性はチヤホヤしてくれるし、私は私で前だったら少年隊がいいなとか、唐沢クンがいいわ、とか思っていたの。親父ギャルのはしりかも知れないけど、スポーツ新聞のタレント情報ばっかり気にしていたし、結婚っていうとなんかタレントの結婚と自分とを重ねて考えていたんです。

でも去年の終わりごろに、自分でもガク然とするほどショックなことを思いっちゃったのね。発見っていうのかしら。

それって、馬鹿みたいって言われるかも知れないけれど、カッコいいアイドル達って絶対にアイドル同士でしか結婚しないっていうことなのね。私も追っかけみたいなことを少しやったこともあるけど、アイドル達は、そういう子と遊ぶことはあるかも知れないけど、結婚っていったらほとんどが歌手は歌手同士でしょう。

そんな当たり前のことを、十年以上もスポーツ新聞とか女性週刊誌を見ていてようやくわかったの。すごくショックだった。でもこんなこと人に話せることじゃないし、落ち込んじゃったみたいなの。

それが去年の暮れですけど、その頃私に声をかけてくれたのが主人なんです。

『どうしたの。この頃、愛読誌を変えたの？』っていう感じで。ちょっと元気ないから景気づけにって、お酒に誘われて、私もよっぽど人恋しかったんでしょうけど、そういう自分の夢が破れたこととかみんな彼に話したんです。

彼、フンフンって聞いてくれたけど、笑いもせずに『それは喜子ちゃんが大人になったってことだよ。良かったじゃないか』って言ってくれて、『これからは大人同士で時々飲もう』って、ちょっとキザみたいだけど、それから私たちいろんなことを話し合えるようになって、結婚の話が出るまでには、そんなに時間がかからなかったの。

彼って、三高とはほど遠いわね。眼鏡かけてるし、体型はうんと日本人だし、でも私には最高の王子様です。私だけのアイドルだから、誰にも取られっこないし、安心です」

新婚の大ノロケで、私も当てられっぱなしであったが、幸運を探し当てた現代のシンデレラ像ではないだろうか。

ケース2　普通の人って素晴らしい

横田ゆき子さん（仮名・二十六歳）は、昨年お見合いをして、四歳年上の御主人と結婚された。ゆき子さんはデパートに勤めていたが退社して、今では御主人の家業の金物屋さんの若奥様だ。去年は男の子を出産し、現在、子育ての日々である。

ゆき子さんは結婚に至った事情をこう話している。

「結婚したあとで知ったんですけど、私みたいな結婚のケースって、すごく少ないんですってね。『三高』なんて主人にはひとつもあてはまらない上に、主人の両親と同居で、しかもお店屋でしょ。主人も、一生独身で通すしかないかと思っていたそうです。農家の方と、都会のお店の跡取り息子って、お嫁の来手がなかなかないんですって。

私の場合、デパートガールですから見た目はいいけど、本当に見た目だけなんですよ。お給料もそんなに良くないし、夏は冷房で冷えるし、立ちっぱなしで疲れるし、文句ばかり言ったら悪いけれど、何年もできる仕事じゃないとは思っていたんです。

職場結婚っていうのも、なかなかないんですよ。デパートガールって世間からはオツムが軽いと思われてるんじゃないかしら。

見合いの話は、私の母方の伯父夫婦から来ました。伯父はこのデパートに勤める時にも、ツテを作ってくれた人で、玉の輿じゃないけど、と紹介してくれたのが主人です。

デパートに勤めたのも、もともと接客が好きだからということはあるんです。けれどこの仕事は人から見られるばかりで、ちっともお客様と心を通い合わせることがなくて、もっとお客さんと触れ合う職業ってないかしら、という気もあったんです。だから金物屋さんの両親つきの息子と見合いしてみる気にもなったんです。

会ってみると、御両親はとっても優しい人で、横田は、主人ですけど、シャイな人でした。とっても気持ちが安まるようで、私はアパート暮らしでしたから、こういう家に入るのもいいかな、と。若いうちに結婚したかったし、あっさり決めちゃいました。

今の私の暮らしを見たら、普通の街のお店のおばちゃんでしかないでしょうけれど、普通の人でいることって素晴らしいと思うわ。金物屋さんだって何だって、その街でなくてはならない人でいられるんですもの」

問答と二人の女性の結婚、恋愛成就の成功例を紹介したが、どう思われるだろうか？　世間でいう「三高」というのはアルトマンという結婚相談システムが作った流行語であるが、最初はアンケート調査で割り出して、わりと一般的なデータだったらしい。ところが新聞が話を面白くするために、学校は東大、身長は一八〇センチ以上、年収は一千万以上、と尾ひれをつけたということだ。

そんな人が二十～三十歳で日本に何人いるか疑問である。

それよりも、本当の良縁というのは、案外、身近なところにあるということがおわかりになったと思う。手を伸ばしさえすれば、またちょっと努力すれば届くところに、あなたのパートナーはいるということである。

モテモテ秘伝――自信のない時ほど堂々とせよ

「色気を忘れず、男前になれ。スポーツとファッションと言葉の表現に凝れ」と、私はある青年に話したことがある。

そもそも男の色気というのは、一つには、たくましく挑戦していくところにある。スポーツマンなどがそうだ。ただし、スポーツマンの場合、肉体的には鍛えられていて男らしいが、精神的にはみっともない場合もある。

私自身は「スポーツをやる人間は、基本的には賢いとは言えない」と思っていたから、三十七歳までは一切スポーツをやらなかった。それまで、普通の人がやらないようなことばかりしていたから、気が付いたらもう後は、普通の人がやることしか残っていなかった。だから、三十七歳で突然スポーツマンになったのだ。

スポーツの「長」と「短」

確かに、スポーツには効用がある。ストレスの発散である。

悩み事とか葛藤や憂いがあっても、運動で体を動かせば発散できる。だからスポーツマンには、非常に明るく爽やかで素直なナイスガイが多いのだ。

しかし気を付けないと、それだけで終わってしまうことが多い。すなわち、葛藤や悩みの効用である自分の奥を深く見つめて、人間性を練るということが不足しがちなのである。何しろ、そこまで深く悩む前に、スポーツで発散して、スカッと忘れてしまうのだから。そこに気を付けて、知を磨くことをしていない場合には、精神の厚みや心のひだが浅いといった傾向が強く出てくる。

こう言うとスポーツマンを一方的にけなしているかのようだが、勿論、逆のケースもある。

運動嫌いの文学青年は、往々にして、精神の厚みや心のひだ（＝繊細な感覚や感性）を持っている。しかしそれだけで、どこか爽やかさ、たくましさや男らしさが感じられない場合も多い。

つまり、どちらか一方だけではダメなのだ。ある程度はその両方がないといけない。特に、スポーツをすることで荒魂《あらみたま》（人間の勇気や根性の部分）が鍛えられる。ぐちゃぐちゃ思っていたのがスカッと発散される。そういうプラス面が出てくる。これがスポーツの効用である。

ファッション・言葉の表現力もモテる重要ポイントだ

次にファッションだが、現代にマッチしたものをなるべく着るべきだ。ファッション雑誌で研究するのもいいいし、そこまでしなくとも、街に出れば人々の服装が目にインプットされる。ウインドーショッピングもできる。少なくとも、自分だけが「個性的でイイじゃん」と思っているような服や、十数年前の流行をそのまま引きずっているような格好は絶対に避けるべきだ。

さらにモテる為には、言葉の表現力が絶対不可欠である。

「お元気ですか」「お早うございます」「こんにちは」と短く済ませるだけでなく「以前はああでしたけれども、その後お変わりありませんか、お元気ですか」と言葉を継ぐ。言葉の表現力がある人は、相手に対して「あなたのことを思っています」と十二分に表現できるし、爽やかで清々しい印象を与えることができる。相手とのいい関係が作れる。そういう人は、多少みっともない顔をしていても女性にモテるものだ。

自信がない時——この女性を幸せにできるかどうか不安な時には、言葉に出して、

「必ずあなたを幸せにしてみせます」

と言うことだ。

自信がない時こそ、逆に堂々とはっきり言わなければならない。言ったことへの責任は、結婚してから時間をかけて解決すればいい。

言葉は相手に対しての伝達手段だが、同時に自分自身にも跳ね返ってくる。言葉にすることで問題点が強く自覚され、決意が固まるわけだ。だから、自信のない時こそ、かえって堂々と発言する必要がある。そのことで、大きく立ちはだかっている壁を超えていくわけだ。そういう深い読みを持たないといけない。

自信に溢れた言葉は、幸運を呼び寄せる！

言葉は何を言ってもいいのだし、言うことによって、その言葉（言霊《ことだま》）の霊力

によって、強力な顕現力を持つことになる。不可能を可能にするには、まず言葉（言霊）に出してみることが大切なのである。

当然、自信に溢れた言葉は、幸運を呼び寄せることはもう言うまでもないだろう。

色気を持った男前というのは、結局、顔・姿・形だけでなく、男として魅力がある人。そういう人たちは、一体どんな表現をするのだろうか？　女性に対しても、男性に対しても何かあるはずだ。自分がモテないと思っている人は、そういう研究と努力をしていくことだ。それによって魂も境地も上がっていく。

肉体は霊体である。つまり霊体と肉体は密接に関係しているのだ。だからこの二者は一つといえる。だから、霊体であるところの愛や祈りがどんなにあっても、肉体にあたる表現というものが貧弱では、本来は良さを持っていても、他へ伝わっていかない。そこを努力することで、あなたは異性を手に入れることのみならず、霊層を上げること（修業）も、同時にできるのである。

第3章

視点を変えて、たちまち開運する法

欲をコントロールして、金運・成功運を掴め！

欲望には、いい欲望と悪い欲望がある

例えば、高校野球の監督が、優勝したときに「無欲の勝利です」などと発言することがある。だが、勝つために、そして優勝するためにこそ、欲を出して練習するのではないだろうか。ただし、高校野球などの目標はいいとして、これがお金の話になってくると、同じ欲でも、もっと現実的で人間臭いものが出てくる。

以前、こんな質問を受けた。

「深見先生の『大金運』という著書だったと思いますが、欲しいと思わなければお金はやってこないということが書かれていたと思います。でも私にはお金を欲することが何か悪いことのような気もするのです。無と欲は裏腹で、やはり三休禅師がいつもおっしゃる中庸が大切、ということでしょうか」

なるほど、中庸は中庸だが、欲望にも種類がある。弘法大師は、欲とは本質的に、いい悪いで論ずるものではないとおっしゃっている。

人間が肉体、生命を持っている限り、人間には肉体を維持したい、充足したいと願う欲望がある。そして誰でも「よくなりたい」「幸せになりたい」という欲望がある。同時に魂も肉体に宿っている。魂の欲望というものは霊的な進歩、向上であり、これも欲である。

それとは別に、世の中の人には「権力を得たい」「地位を得たい」「名誉を得たい」という欲望にとりつかれていて、魂の欲望を抹殺してしまっている人もいる。

この欲望は肉体に密着している分、形がはっきりと出るし、すごい念力パワーを出すのだ。強い念力パワーで運を動かしたり、現実界や心を動かしたりと、この念力のパワーで善悪を乗り越えて「財運」を引っ張り込む。

例えば、過度の欲望であったとしても、必死に精進・努力して人の三倍働いたなら、やはりお金が入ってくる。ただし、その欲望が「私のみ」の欲望であったとしたら、非常に暗い欲望、我よしの欲望である。しかしながら、現実界ではお金が得られ、成功して充足することになる。

このような人は、例えば地位や名誉を得られ、いい家に住んで、奥さんも五、六人（日本では無理だが）というように、現世的には幸せだったとしよう。とこ

ろが死んで霊界に入れば、暗い欲望そのままに暗い霊界にいくことになる。そこで初めて、

「しまった、もう少し神仏にも寄附して道を極めるべきだった」

と後悔することになるわけだ。

そのことが分からない人は、暗い霊界に至る。したがって、現世はいいのだが、死後の生活はあまり幸せではないのである。

「無欲」と「金運が無い」こととは、まったく別もの

宗教的な人物や無欲といわれる人でも、肉体と密着した欲望を持っている。ただ比較的少ないから、無欲に見えるだけのことだ。全くの無欲などということはない。

ご飯も食べる、眠る、結婚して異性と愛の交渉もする。奥さんがいなくとも、ちゃんとどこかに女性がいたりする人もある。ご飯は人の三倍食べて、よく寝て、それでお金だけがない人だから無欲？　何かちょっとはき違えている。

肉体の充足を可能とし、物質に還元できるのがお金である。お金は物質と等価価値があり、物質と交換性があるからこそ、お金に価値があるわけだ。

なのに、肉体的な欲求の性欲、食欲、睡眠欲を満たすことをしっかりやっている人であるのにもかかわらず、無欲だと思われている場合がある。どんな人かというと、肉体の欲は強いが金運のない人の場合である。

要するに、その人はお金がないだけ。稼ぎ方を知らないだけである。ハッキリ言えば、経済観念が発達していないだけなのだ。現実界・物質界を動かすツボがずれている。だから、お金がない。ほとんどのケースが、三倍働かないからだ。人の三倍働けば、お金は誰でも持てる。肉体が元気で、三倍働いたらそうなる。

だから、一見無欲に見える宗教家などは、欲望は満たしているが、人の三倍働きもしないし、お金の動かし方を勉強してもいない。知恵も働いていないのだ。それなのに、変な話だが、「お金がない」ということだけで無欲だと人に思われ、自分でも誇りに思っているところがある。これはおかしい。そういう人を「聖人様」といえるのだろうか。勿論、得たものを全て人に施している結果、お金がないというなら別であるが。

お金が入ってくるには、それなりの天地の法則がある。人の三倍働くか、人の三倍働くのと同等の値打ちがあるだけ知恵を使うか、体を動かすか。そうすれば、お金は入ってくる。つまり、その分だけの人生の価値が、その人にはあるわけだ。

肉体を持って生まれている限り、欲望は絶対に切り離せない。しかも、この欲望は不浄なものではない。肉体が生きていく上で必要なものであり、生命を支えるのに不可欠なものである。

また、魂も現世に生きている。肉体を持って生まれた限り、どんな清い魂でも、この欲なしには生きられないようになっている。すなわちこの欲は神から来ているのだから、本来不浄なものではないのである。

ただ、これが貪《むさぼ》る・妄《みだ》りである場合は別。それからそれへと妄りに欲しがれば、妄念妄想となる。つまり、妄りにその世界の中に入ってしまうと、暗めの地獄界に入って、争い、葛藤の種になるのだ。

ゆえに私たちは、これをいいほうにコントロールしていく必要がある。自分のためだけではないことへと。つまり、霊的進歩・向上がまずあって、それから暗い欲望ではなく、明るい欲望へと切り変えていく。すなわち、相手も良く、こちらも良かったらいいじゃないか、ということだ。

「相手も良く」、「こちらも良く」こそ、大金運の第一歩

繰り返すが、「自分だけ」というと暗く、逆に「相手だけ」となるとこちらが惨めである。いいのは、「相手も良く」「こちらもいい」という状態。それだと、相手には「嬉しい」という気持ちが生じ、こちらには「良かったね」という気持ちが湧くので、明るい霊界ができる。こんな気持ちで生きた人は、死んだ後もいい霊界に行けるわけだ。

要するに、明るい欲望で相手もこちらも生きていること。そうして使ったお金は、ぴかぴか光ったお金、すなわち浄財となる。

反対に、これが相手が「嫌がる」のに、むりやりお金をむしり取った場合はどうかというと、ドロドロとした、払わされた人の執着の念が、出したお金に黒雲となってくっついているのである。

例えば、質屋さんや金融関係のお仕事はそうだ。

質草《しちぐさ》を、喜んで「どうぞ、流して」という人は稀だろう。「もう一週間待ってくだされればよかったのに」とか、「お母さんの形見のダイヤモンドだったのに」という思いがピッタリ付いてくる。実際には、保証書もついていなくて、それほど値打ちがなくても、「残念だ」という思いが残るから、質屋さんのお金には往々にして暗い妄執が立ちこめているのだ。

だから、質流れ品というのはほとんどが、妄執、思いが入っている。アンティークなどもそうだ。私はそのものにくっついている「気」がみんな分かってしまうので、ほとんどのものは身につけられない。どうしてもそのようなものを活用しなくてはならない場合は、「フーッ」と新たに、幸せになる、という神気を入れてから使用している。

また、同じく気持ち悪い執着の「気」が入ったものに、骨董品がある。京都の骨董品屋さんに置いてあるものなどがそれだ。長い間、持ち主が執着めいて大切にしていたものが多く、触った瞬間に胃がムカムカとくる。

身につくお金と、すぐになくなるお金はここが違う！

これは物だけでなく、先程述べたようにお金に関しても同じだ。

お金も、その人がどういう気持ちで持ってきたのかが問題だ。ぴかぴか光っていて、相手が真心込めて出したお金や、喜んで出したお金なら絶対にお金が残っていく。ところが、そうではない邪気の入ったお金は、「あら？」と思ったらもうない、ということになる。

戎《えびす》様というのは商売繁盛の神様だが、私は一度、関西の西宮戎神社でご奉仕していた人から、こんな話を聞いたことがある。

夜、ご奉仕していた人が寝ていると、何か「わあわあ」声が聞こえてきて、我《が》利我利《がりがり》亡者や魑魅魍魎《ちみもうりょう》の類《たぐい》がうろつくという。銀行がお賽銭《さいせん》を回収すると、すっきりして神気充実するのだが、お賽銭がある間は、もう毎夜、何万という魑魅魍魎がうろうろしているという。

実は、それは、お賽銭に込めた人の思いなのだ。それぞれの人が「何とかまた今年も儲かりますようにと願ってお賽銭を投げるからである。

逆に、「神様の御心が弥栄えますように」とか「皆さんを幸せにし、私も幸せに」という気持ちが込められているのであれば、非常に明るいお賽銭になる。ところが、どろどろとした執着や、妄らな思い、いろいろ巡る思いがこもっているものなら、そこが魑魅魍魎のたまり場となる。

これではダメだ。『大金運』（深見東州著／たちばな出版刊）にはあっさりとしか書かなかったが、やはり、相手もよし、我もよしで、もちろん自分の気持ちもすごく明るい、という状態で得たお金が非常に霊的に美しくて理想の収入だ。そして、そのようにして収入を得る過程は、同時に、当人の霊的進歩にもなって素晴らしいのである。

人間は「進歩・向上」の欲望を持つ

人間の欲望自体は「進歩向上したい」と思っている。だから無意識に「より美味しいもの」「よりステキな異性」「より心地よい寝どこ」という具合に、体のほうもより良いものを求めている。一方、霊体も「より進歩向上したい」と願う。やはり、「進歩向上したい」という本能があるわけだ。「より良くなりたくない」と願う人はいない。そういう人は自殺する。

とりあえず人間様をやっている人、例えば、銀座を歩く人は、それなりに良くなりたいと思うからお化粧もしている。より不美人に見て欲しい人は、お化粧なんてしない。少しでも美しく、本物以上に美しく見せている。とにかく、何か人工的な方法でスタイルも良く見せたい。でも、身長は変えられないから、カカトの高い靴で歩く。それなりの努力がある。これらは全てより美しく、より良く、より素晴らしく、という意識の発露に他ならない。

人間の基本的な気持ちは、肉体面でも精神面でも進歩向上したいという欲望があって、これは正しい欲望である。非常に正しい。つまり正欲だ。

それが欲望が過剰なぐらいに妄りになったり、「私のみ」という思いが強くて発展性がない場合は、正欲ではなく邪欲であり、妄念、妄想、貪欲となる。貪欲はまさにむさぼる欲で、際限もなく次から次へと欲望をもたらす。これは良くない。

繰り返すが正しい欲望は持って構わない。すなわちこれは神の意に叶った欲望なのだ。進歩向上、努力するなどはこれに当たる。だから、女性が「少しでもきれいに見られたい」と願い、努力してきれいになるのはいいことである。「あの人きれいになって不愉快」とか「何かすがすがしくて嫌な感じ」「見目麗しく気持ち悪い」などと思う人はいないはずだ。

「あの人は知識欲があって、会うたびに知識が伸びて、賢くなってて不愉快ね」という人もいない。もしあったらそれは嫉妬心である。実際、他人が進歩向上していているのを見るのは、それが精神面でも肉体面であっても「うらやましい」と思うかも知れない。それは自分もそうなりたいという願望があって、相手と比べて、そうできていない自分が情けないというだけの話だ。やはり本音は、誰もが進歩向上したいのである。

ただし、それで我《が》と慢心が出たら「進歩向上」したことにはならない。鼻にかけたり、我が出たり、慢心が出てしまっては、霊的レベルも下がってしまう。だが、進歩向上自体は、皆が望んでいることであり、正しい欲と言えよう。進歩向上せんがために、私たちは肉体を持って生まれてきているのだから。

これが霊と体と物の関係だ！

臓器の移植は善か悪か⁉

「臓器の移植はどうなんですか」とか、「体外受精はどうなんですか」という質問があったので、答えておこう。

結論からいうと、別にどうということもない。罪でも何でもない。どんどん移植して、それで助かる人がいるなら助けたらいい。

もし、臓器移植が問題なのだったら、入れ歯はどうなるのか？　歯は使えなくなったら人工のものを入れる。歯も臓器である。また、心臓に何かを入れるとか、人工透析をしたりもする。そういう技術も、昔から比べると進歩している。人は、薬、コンタクトレンズ、補聴器など、肉体の機能がだめになったら、それを補うようなものを利用している。なのに、コンタクトレンズや補聴器はいいけれども、臓器移植が悪いということはない。

問題は、臓器移植によって人が死んでしまうようでは困るということ。そして臓器提供者、臓器の提供を受ける患者側の双方が、共にそのことで「嬉しい」「良かった」という結果になるようにする。これが基本である。したがって、医者も、よく実験を積み重ねてから実行して欲しいと思う。

肉体というのは磨耗《まもう》する。機能も衰える。だから、それを補う必要があるのは当然のことであり、神仏がそれを戒める、ということはない。コンタクトレンズには異物感があるけれど、それで見えたらいい。鼓膜《こまく》が破れたりした時には人工の鼓膜を入れ、補聴器も使うが、それで聞こえたらいいわけだ。神仏は、常に人の幸せしか思っていらっしゃらないのである。

持ち主のいい念のこもったピアノは、音がいい

ところで肉体と、精神（心）、霊とは、密接に関連している。

精神、霊と関係しているのは、肉体だけではない。チョーク、マイクロフォン、ピアノなどの無機物もそうだ。いい念のこもったピアノは、いい音が出るし、強烈な邪気をこめたピアノは気持ち悪く、音も変になるのだ。反対に、すがすがし

い人がいつも弾いているピアノは、弾きやすく、すがすがしい音色が出る。

また、ピアノはどれでも同じような音を出すと思いがちだが、鍵盤を同じように叩いても、弾く人によってまるで音色が違う。これは私のような神霊家が言うだけではなく、一流のミュージシャンが口を揃えて語ることでもある。バイオリンもそうだし、ハーモニカや笛もそうだ。これは、楽器に霊と念が宿っているからなのだ。

ペットや物にも持ち主の霊が宿る。あがめれば御神体にもなる

犬や猫や魚にも、持ち主の霊は宿る。以前、私のお弟子のKさんがイモリを飼っていたが、Kさんのような顔をしていた。Kさんは自分で似ているとは言わなかったが、ともあれペットは飼い主に似てくる。これも霊が宿るからである。草木鳥獣、機械類でも、人の念波によって個性を持つ。サボテンでも笑ったり、歌を歌う。

犬などは、十年も飼っていると、飼い主の御魂と犬の魂が強い霊線で結ばれ、

犬が主人の心を読み、行動も主人の思いどおりになったりする。だから主人の身に危険がある時などは強い反応を示し、吠えついたり、服をかんで行かせまいとしたりする。

もちろん、人間の肉体が一番敏感なのだが、どんなものにでも霊体はあるのだ。だから、思いが宿れば移植した臓器も生命を持つ。チョークでもチョーク消しでも何でもそうだ。普通のチョーク消しは気が凝結していないから、魂が入っていないだけなのである。だが、これに人間の思いが入れば、気が凝結して「愛と真心のチョーク消し」となる。さらに、強い念波を込めると、すごい念の凝結したものになっていく。もし、これを神様のごとく拝んでいたら神様が宿る。

そこまで行くと、何かで困った時に、

「神様、神様、チョーク消し様どうかお助けを〜！」

といえば、素晴らしいアイディアがチョーク消しから飛んできて、「パッ！」とヒラメいたりする。要するに、御神体になるわけだ。

よく「鰯《いわし》の頭も信心から」という。鰯の頭自体には何もないが、それを信心することで念波が凝結し、さらに思いを入れるとそこに心が宿る。チョーク消しでもイワシの頭でも同じ。それを扱う人間の思いによって、生命が宿るのである。

先にも書いたように、弘法大師は、

「欲望そのもの自体は決して不浄なものではない」

と語っている。

ただし、その欲望に思いがこもる。だから、大事なのは、その欲望にどういう思いがこもるか、である。

どういう欲望が善で、どういう欲望が悪なのかは、こう考えればいい。

善なる思い、明るい思い、相手もよく我もよしという慈悲や真心、愛や協調精神など、豊かなプラスの念波が欲望につくと正しい欲望となる。そうして発した欲望は、霊的にも心地よく、肉体は魂を喜ばせるような行動をとることになる。魂が肉体をちゃんとコントロールしているからである。

ところが、エゴや我よしの心などのマイナスの念波が欲望につくと、貪欲になったり、我欲に固まったりして、妄りに欲望を求めることになってしまう。そうして結果的に地獄界をつくり出すことになるのである。

結論——霊主体従《れいしゅたいじゅう》となれ

結論をいうと、本来の神様の道は、精神と肉体のバランスがキチンととれているところにある。これを「霊体一致《れいたい》」と呼ぶ。霊体一致——霊と体が一致するということが大事なのだ。魂が肉体を持って生まれてきた以上、どちらかだけが幸せ、というのは偏りである。

しかし、どちらが主になるかといえば「霊主体従」である。霊が主で、体が従の状態だ。「霊主体従」とは、大本教の出口王仁三郎がいい始めたものである。神道学、古神道でいう霊と体の位置関係を、彼はわかりやすく明確に「霊主体従」と要約して呼んだわけだ。

また彼は、

「いずのめの働き」とも説いている。

「いず」とは縦で霊のこと。「のめ」とは横で体のこと。何をやるにしても、縦と横の両方のバランスを保ってやることが一番の理想である。ただし、縦が先で横が後である。霊が主で、体が従。また同時に、霊と体が一致していなければ、本当の幸せは成就できないということだ。

つまり、精神だけ楽しくても体のほうは悲しいし、体だけ楽しくても魂のほうは悲しい。霊が主、体が従ではあるのだが、幸せという状態は内面性と外の環境とが一致している状態。この状態が最高の幸せなのである。

したがって、「霊主体従」に則《のっと》って「霊体一致」する。そこで初めて「いずのめ」の、神意に叶った状態となり、正しい人間の幸せが成就できることになる。

お金に関しても、お金に使われるのではなく、お金を使っている霊、思い、精神が大事である。つまり、お金をどのように具体的に活用、運用していくのかということだ。

お金のやりくりが主で、心が従になったら、それはお金に操られているということだ。それでは地獄界に一直線に落ちていく。しかし、内面性とお金とがバランスよく保たれているなら、現実界で幸せをエンジョイでき、良きもの・素晴らしきものを現実界で活用できる。つまり、現実界を動かすことが可能となるのだ。

この法則性さえ頭に入れれば、お金に対する欲望や、逆に無欲と言われる状態が、どういうことか分かるはずだ。無というのは現実的にはあり得ない。いわゆる「無」といわれているのは、貪欲なものや、我欲など、自分を中心にした人為的な私心が、無になっているというだけなのだ。

私心を妄《みだ》りに念じ、妄りにお金や欲望に走らないというだけで、欲望はしっかりあるのである。人間は、寝ない食べないでは生きていけない。だからその意味では、全てが欲望に基づいているといえるわけだ。

魂の成長する欲望なら、大いに結構！

無とは何か——。絶対的に欲望がないということである。だから人間である以上、完全な無というのはあり得ない。

例えば、高校野球を例にすると、「優勝したい」と願うのは欲望。これはこれでいい。それに向けて努力するからだ。しかし、それが高じてくると妄念妄想となる。すると、妄念妄想と私心が邪魔をして、かえって一生懸命練習してきた能力が本番で発揮できないということになる。だから、「無欲の勝利」といったところで、全然欲望がないということではない。

その場合の「無欲」というのは、妄念妄想や私心がないということ。それが無になった欲である。その辺のことが誤解、混同されているわけだ。

甲子園大会で「優勝するんだ」と願うのは、人様に迷惑をかけることではない。もちろん、負けたチームはかわいそうだ。しかし、それを承知で参加しているわけで、優勝という一つの目標を目指して参加することに意義がある。

優勝を願うのは、それが目標だからである。そして、もし甲子園で優勝できないとするならば「野球はしないのか」といえば、そんなことはない。優勝できなくとも、それに向かって努力していくプロセスが高校野球の楽しみであり、醍醐味と言える。

できる、できないではなく、そのプロセスが大事だ

人生全てのことがそうである。

目標を掲げ、その目標に到達できなかったら、それまでの全部のプロセスが無

駄になるだろうか。そんなことはない。夢があって、それが高ければ高いほどいい。精進努力をしようと考え、実行するからだ。高ければ高いほどそのプロセスに拍車がかかる。結果として、進歩向上をしたいと願う自分にプラスの影響を与える。だから、目標は高く掲げ、志を高く持つことは大いに有益なことなのだ。

仮に一つの目標を達成できない場合でも、全くゼロからの再出発ではない。目標に向かって努力したことで、何らかの知恵・知識、経験などが蓄積されキャリアとなっているからだ。つまり、努力するプロセスが大事なのだ。

ただ、問題なのは「目標が、目標が」と目標至上主義に陥ること。

それは、プロセスを大事にせず、目標に振り回されていることになる。単なる目標が、自分の人生の究極的な生きる意味になっているわけで、価値観が大きく歪み、違ってしまっている。そういう人は、要するに妄念妄想にとりつかれているという状態だ。そんな人は、一刻も早く、妄念妄想を取り払わなければならない。そうしなければ、いくら努力をしても、目標を達しない限り全てが無駄に思えてしまう。

あくまでも目標は「目指して標《しるべ》にするもの」である。

その意義としては、確固とした目標を持って日一日と乗り越えている毎日に、人生の基本的意味があるのである。日一日をいかに生きたのか。そういうことがなにより大事なのだ。

地上の修業は、霊界の百倍楽である

自殺をしたらどうなるか？　死後の世界を覗く

最近、小中学生の自殺が話題になっているが、自殺とは、神霊的に見た場合どういう事になるだろうか。

先日も私のところへ、時々自殺したくなるという女性の相談があった。こういう相談は結構ある。いい機会だから、自殺するとどうなるのか、私が実際、霊界でみた真実を交えて、説明しておきたいと思う。

人というのは、体力がなくなり、肝臓、腎臓を病むなど体が続かなくなり、精神的にも幸せなことは何もないという状態になったときに、ほぼ確実に自殺する。

もちろん、責任感からの自殺や、異性の問題での自殺など、いろいろなケースがある。しかし一番多いのは、体と気力、夢がなくなって自殺するケースだ。体が悪くても夢があれば自殺はしないし、精神的にだめでも、体が元気だったら自殺はしないものなのだ。

だれにでも、幸運なときがあれば衰運のときがある。衰運期の人間というのは、何から何までマイナスに考える。しかし本当は、「内面性をもっと磨け」と神様から促されている時というのが、衰運期なのだ。衰運の衰というのは、人の目から見たものにすぎない。神様の目から見たら、内面性を充実させる時期に当たるのだ。これが陰。反対に外に活躍する時期が陽だ。つまり人生、もとよりこの世のありとあらゆるものには陰陽の両方がある。

陰（蔭）で功徳を貯えなかったら、外へ出ても大した活躍はできない。それに、いつまでも陰ではない。陰極まりて陽、陽極まりて陰で、陰・陽が交互に来て、人間に幅ができる。

陰というのは、内面の充実を図る天の時。そういうときに、いろんな因縁やら、自分が持っている内在的な問題点が出てくるわけだ。

郵便はがき

料金受取人払郵便

荻窪局承認

8063

差出有効期限
2023年7月
15日まで
(切手不要)

167-8790

(受取人)
東京都杉並区西荻南二丁目
20番9号 たちばな出版ビル
(株)たちばな出版

たちばな新書名著復刻シリーズ
「解決策」係行

フリガナ		性別	男・女
お名前		生年月日	年 月 日
ご住所	□□□-□□□□	TEL ( )	
ご職業	□ 会社員・公務員	□ 主婦	
	□ 会社役員	□ パート・アルバイト	
	□ 自営業	□ その他( )	
	□ 学生(小学・中学・高校・大学(院)・専門学校)		

プレゼント付き

読者アンケート

たちばな新書名著復刻シリーズ
「解決策」

★本書をどのようにしてお知りになりましたか？
①書店での手相占いイベントで　②書店で
③広告で（媒体名　　　　　　　　　　）④ダイレクトメールで
⑤その他（　　　　　　　　　　　　）

★本書購入の決め手となったのは何でしょうか？
①内容　②著者　③カバーデザイン　④タイトル
⑤その他（　　　　　　　　　　　　　　　　　　）

★本書のご感想や、今関心をお持ちの事などをお聞かせ下さい。

★読んでみたい本の内容など、お聞かせ下さい。

★最近お読みになった本で、特に良かったと思われるものがありましたら、その本のタイトルや著者名を教えて下さい。

★職業　①会社員　②会社役員　③経営者　④公務員　⑤学生
⑥自営業　⑦主婦　⑧パート・アルバイト　⑨その他（　　　）

当社出版物の企画の参考とさせていただくとともに、新刊等のご案内に利用させていただきます。
また、ご感想はお名前を伏せた上で当社ホームページや書籍案内に掲載させて頂く場合がございます。

ご協力ありがとうございました。

神様は人に自由意志を与えていらっしゃる。自殺する自由すら与えて下さっている。私なども、修業がきつくて、初めのうちは何回死にたいと思ったかわからない。しかし自殺した人がどういう霊界へ行くか、ということをよく知ってからは、自殺なんかやめようと思うようになった。いい機会なので皆さんに自殺者の末路をお話ししてみようと思う。

苦しくとも、生きている時の方がだんぜん修業しやすい

人には確かに、自殺する自由はあるのだが、死んだところで、地上でやるだけのことをやっていなかったら、もう一回生まれ変わって来なくてはならない。これを再生御魂《みたま》という。

魂の修業というのは、肉体があるかないかで比べれば、肉体があるほうが修業がしやすい。肉体がなければいろいろな世界、いろいろなレベルの人たちと接触することができない。しかし肉体があれば、いい霊層の人も地獄界にいる人も、同じ社会（現実界）にミックスされて住んでいるから、それらの様々な人たちを

見て、磨かれたり気付いたりして、修業が進むわけだ。

そもそも、死ぬと、死んだところの霊層で何百年も生活をする。死後に霊層がどんどん上がっていく人というのはあまりいない。その境地や意識の状態でストップしている。だから、意識のレベルを上げる、悟りを深くする、内面を向上させるというのは、肉体を持つ人の特権であるといってもいいだろう。

毎日、今日死んでもいい、死んだらせいせいする、こんな人生になったのは神様が悪いんだ、などと思っていると、だんだん自殺したいような気持ちになってくる。これは、たたりの霊とか、自分の前世の思い出の影響が多い。

時どき散髪屋でひげを剃っていると、ぞーっとするという人がいる。かみそりが来たら、ぶるぶると震えるという人がいる。これは前世で首を切られた人などに多い。そういう思い出がある人は、知らず知らずに意識の底の記憶が甦って怖いのだ。

自殺者は周囲が真っ暗な地獄界に行く

ところで自殺だが、私のように死んだら不幸極まりないことを知っていると、もう自殺はできない。

死んでも絶対に解決にならないし、今生《こんじょう》すべきことができていなかったら、もう一回生まれ変わってこなければならない。もう一回、足りない修業分を終了する為だけの人生を送るのだから、結構、辛い人生が待っているわけだ。

だから死んでも同じことなのだ。死ねばまず、霊界で修業しなくてはならないのだが、人生はバラ色だと思って自殺する人はいない。人生の先が見えない、あぁ、世の中真っ暗だ、人生は真っ暗だ、不安だと思って自殺するわけだから、死んだ人の霊界というのは、周囲が真っ暗。気持ちが真っ暗だから、その心（霊界）にふさわしい世界に行くのである。自殺者の霊界というのは、その本人の周囲だけがぽーっと明るくて、五センチ向こうは暗闇という、濃霧の中にいるような状態である。そして景色が全然見えない。それが何百年も続く。

そのことを知っていたら、ばからしくて自殺などできない。中には、自殺して、どこかの救霊師（私どもの所で霊の救済を行なっている。その霊を救済する資格を持った者）のところへ行けばいいと思う人がいるかもしれないが、それでも、霊界に行っている間は修業しなくてはならない。自殺の罪（＝為すべき修業をしなかった怠りの罪など）を霊界で問われ、何年かは重労働をさせられる。もっこ担ぎとか、雑巾がけとかを十年、二十年して、やっと普通の霊界へ帰れる。しかも霊界の修業は、この世の肉体労働よりももっと苦しい。

霊界の実体――天国は地上の百倍幸せ、地獄は百倍悲惨！

霊界に行くと、冷たいものはどこまでも冷たい。暖かいものは、ほんとうに暖かく感じる。簡単にいうと、神経が露出していると思えばいい。肉体がある間は、肉の衣でカムフラージュされているから、痛みというのはそれほど感じない。辛抱できる。これに対して、霊界へ行くと、痛いというのは要するに、歯医者さんで神経を取られたときの、あの痛さ。あれが毎日続くと思えばいいのだ。

逆に、霊界の幸せなときは、モルヒネ注射でも打たれたようになる。肉体がないから、喜びも苦しみも、何百倍にも感じるわけだ。だから霊界では肉体があるときの何百倍も苦しいから、どんなにこの世で大変でも、肉体で修業しているほうがはるかに楽なのである。

先祖が「助けてくれ～」といって子孫によく憑《つ》くが、あれなども、この世の苦しみと地獄の苦しみが、けた違いのせいなのだ。つまり、この世を儚《はかな》んで、その苦しみから逃れようと自殺をしても、もっともっと苦しくなるだけのことである。

先程の、時々自殺したくなるという女性も、背後の守護霊の存在を強く認識しておれば、霊界に入るとこうだよ、と書物や人の口を通して教えただろうが、しっかり認識していなかったようだ。だから守護霊との霊線（霊的交流――つながり）が弱く、守護しにくくて邪霊が入り込み「死にたい」というマイナスの想念が湧いてくるのである。以下は、私がその女性に話したアドバイスである。

「精神的にも何の夢もなく、希望もなく、結婚もせずに独身で今の四十二歳まできて、女の幸せもなかっただろうし、仕事をしたって大して特技もあるわけじゃないと言うし、何のための人生だったろうかと思うでしょう。

だから、ここ一、二年の間に勝負して、結婚して家庭を築く。子供もいる、夫もいるという喜びの中で、自分自身を幸福にする。人生の幸せの基礎基盤をつくることだ。そうしたら、危険な時を乗り越えて、八十二歳まで幸せな人生を送れる。そうするもしないも、あなた次第だ」

人は、何がなんでも、自分で自分を幸せにしなくてはならないのだ。人が幸せにしてくれそうに思うのだが、やはり自分を幸せにするのは、最終的には自分自身なのである。

自殺をしたくなるのは、悪霊の仕業だ

その時私は、この女性に憑依している霊を色紙に書いて見せた。六人の処刑囚だ。処刑されて死んだ霊が、凄い姿を現わしている。私は彼女に言った。

「ぞくぞくとしたでしょう。全身に悪寒が走りましたか。この霊が最初にお父さんに乗り移って、お父さんを自殺に追い込んだうえに、次は、あなたを自殺に追い込もうとしていたのです。

六人の処刑囚がお母さんの家を代々呪っている。それで、自分たちがされたのと同じように首を吊らせようと、七、八代ぐらい前から狙っている」

と。そして、

「見やぶったら体が暖かくなってきたでしょう、足の裏が。感じない？」

「感じます」

「ぞくぞくは感じた？」

「はい……」

「あなたの心の奥に、こんな顔が見えている。ぞくぞくっと来たでしょう」

「来てます」

「危なかったね」

「はい……」


この後、六人のたたり霊は私がすぐ救霊して、地獄界から救い出した。それ以降、自殺したいとはまったく思わなくなったそうである。

このように人は、自分の心に夢や希望がなくなったり、体力、気力が衰えてくると、その心のボルテージが下がったスキに、家代々のたたり霊などの悪霊が忍び込むのである。何か知らないが自殺願望が出てきたり、ノイローゼ気味の人などは、ほとんどそのたたり霊などの悪霊に憑かれていると思ってまず間違いないだろう。

人には、家代々のたたり霊、救われていない（成仏していない）先祖霊、生霊、動物霊などをはじめ、様々な悪霊が、人の心にスキあらば、とりつこうとしているのである。

そういう霊は、誰にでも、どんな家系にもたくさんいる。夢、希望、体力の旺盛な人も、今は大丈夫でも衰運期を狙って待っているものなのだ。自殺をしたいと思ったことのある人は勿論だが、どんな人も、できれば健康なうちに、早目に一度は救霊をお受けになることをお勧めしたい。

——救霊〈除霊〉のお問い合わせ、お申し込みは左記まで——

フリーダイヤル　0120（50）7837
◎ワールドメイト
東京本部　03（3247）6781
関西本部　0797（31）5662

札幌　011（864）9522
仙台　022（722）8671
東京（新宿）　03（5321）6861
名古屋　052（973）9078
岐阜　058（212）3061
大阪（心斎橋）　06（6241）8113
大阪（森の宮）　06（6966）9818
高松　087（831）4131
福岡　092（474）0208

ホームページ　https://www.worldmate.or.jp/

どうしてもご都合で来られない方や、ご理解のないご家族、友人知人の救霊の場合には、その方のお写真で出来る写真救霊（その方の憑依霊を写真で見抜き、写真を使って救霊する方法——写真郵送で出来ます）もありますので、加えてお勧めいたします。

また救霊、その他の無料パンフレットをお送りしています。お気軽にお問い合わせください。

運命飛躍の大法則

第4章

やり遂げることを習慣にしよう

「新しいことに挑むより、古きことを完成いたすべし」

あなたは完成力をどれぐらい持っているだろうか？

何かで成功し、満足のいく人生にしたければ、中途半端で終わるクセを失くさなければならない。

それには手はじめに、以前からやっていて中途半端になっていることや、いろいろやってきて、未だ中途半端なものを、まず一つ、ずば抜けたものに完成させることが最初である。

それをせずに、次から次と目新しいものに手を出していくと、その全部が中途半端になってしまう。それではダメだ。もちろん新しいものというのは、完成したものを一層素晴らしくするための色、輝きになる。だから、新しいものに挑戦していくことは、非常にいいことだ。だがその前に、手を染めていたものが、あるレベル以上になっていなければならない。中途半端のままでは、単なるあがきになってしまう。

それよりも、一つひとつ確実にものにしていくことが大切だ。それによって歩みは遅いかも知れないが、より堅実で堅固なものを身につけることが可能になるのだ。

世の中で大きく成功した人たちを見てみるとよい。必ずといっていい程、一つずつやり始めた事はものにしていく人生観を、しっかり持っていることに気がつくだろう。

「一事が万事」だ。

私は一芸や一道、一業を成した人を高く評価している。

嫌いなものを好きになろう！　これが幸福のキーワード

やるのが大変なもの程、成し遂げたら見返りは大きい

ある日、二十二歳の女性の相談にのった。

内容は、英語が嫌いなのだが、どうすればマスターできるでしょうか……ということだった。

そこで私はこう答えた。

「英語をやれば寿命が延びて、英語をやれば結婚ができて、英語をやればきれいになる。そう思えば、あなたにとって英語は神様である」

確かにその通り、英語をやるのが好きで好きでという人は、あまりいない。あんなもの、辞書を引いても引いても知らない単語が出てくる。どんなに頑張っても外人のほうがうまい。

その代わり、外人はろくに日本語を話せない。だから、日本語もわかる日本人が、ある程度のレベルを超えた英語をマスターしたら、稀少価値があるわけだ。あるいは、経理でも、経理が楽しくて楽しくてという人は、まずいない。だけど、皆が嫌なわけだから、熟達したらその人には稀少価値がつく。

不思議なことに、それだけ有用でも、やっている人にとっては面白くない。そこが人間の努力対象、向上する対象としていいところなのだ。格好いいものより、大変だなと思えるもののほうがいいわけだ。英語は格好いいかもしれないが、実際やってみたら大変だ。レベルが上にいけばいくほど大変である。だから、やる価値があるわけだ。

英語は需要が多いから、たくさんの人が勉強している。だから半端な実力では相手にしてもらえない。実際に役立たせようとすれば、相当な実力をつけなければならないから、ある意味では大変である。しかし、一般レベルをグーンと超えるだけのものを持ったら、引っ張りだこになる。それは金運の飛躍であるし、運勢の飛躍であるし、その人の才能であるし、本当の意味での稀少価値である。

世の中に役立たないものなら、あまりやる意味がない

逆に、需要がなければ、幾ら稀少価値があってもあまり意味がない。

例えば、特技だといっても、それが「割りバシで飛んでいるハエをエイッ！とはさめる」とか、「つまようじを投げてハエをババッと五匹刺し殺せる」とか、そういう類の特技に需要があるだろうか。

それをやるために二十年間錬磨し、ようやく割りバシや、つまようじで、瞬間

にハエをバラバラと殺せるようになった。そのために命をかけたとする。だが、やはり需要はないのである。単に「不思議な技ですね」と言われ、テレビに一回ぐらいは出られるかも知れない。しかしその程度で、何万円も出してその芸を見る人などいない。いいところで宴会に出て、ウケるという程度である。それなら、もっと別なこと、例えば、テニスとかゴルフを錬磨したほうがまだ値打ちがある。

以前、精神統一をして、名刺で割りバシを真っ二つに切るという人がテレビに出て話題となった事があった。それを見て一生懸命その技をマスターした人がいたらしいが、その人たちはどうなったかというと、結局、会社の飲み会の宴会芸として、割りバシ切りをやっているという。やはり珍しい技というだけではダメなのである。

ある程度の需要のあるものに狙いを定めて、「これから道を開くんだ。これが未来の私を幸せにする幸福のキーなんだ」と思って、味気ないことでもやるべきである。

イヤになってからが修業である。やめずに続けたら人生が開く！

ところで、あるレベル以上になったら、どんなものでも面白くない状態になる。始めは英語が話せた、理解できた、と楽しいのだが、実力がついてきて腕を競うようになったら、本当に微妙なところで、壁が幾つも出てくる。やってもやっても「本当にうまくなっているんだろうか」という不安が湧いてくるのだ。

例えば英検一級という一つの壁がある。で、英検一級を超えるとしばらく間があって、次の目標は通訳ガイドとか、あるいは同時通訳をやるとか、ビジネスの中で生かしていく道もある。

ビジネスの世界で自分の英語力を生かすにしても、レターを書ける、タイプを打てる、読める、話せる、書ける、討論できる、交渉できる、交渉できて説得して勝てる、などいろいろなレベルがある。その壁を超えられた人は、超えた実力を備えた人なのだが、超えない人のほうが圧倒的に多いのだ。

語学の勉強というのは、若ければ若いほどいいという。ただ、あまり若過ぎてもいけない。日本語が力不足だからである。とにかく、五年間は死に物狂いでやることが、語学のプロになる一つの目安である。

そうしたら結婚だって、今の自分に相応な結婚相手より、三倍ぐらい素晴らしい人と一緒になれるだろう。それは語学力、今やっている英語が可能性を開くからである。

苦しみが多ければ多い分だけ、自分の運や未来は開くのである。これは誰にでも当てはまるものだし真実だから、まず一つ、ニガ手なものを克服してみることをお勧めする。

創意工夫のない人生なんて、ムダな人生だ

工夫して、はじめて魂は進歩する

何でも人から教わったことを「はい、分かりました」というのではなく、教えられたことをさらに発展させ、さらに創意工夫してやっていく人になるべきであ

る。もちろん、人間の資質として「素直」というのは、非常に大事なことだ。しかし、だからといって人間は、何でも「ハイ」「ハイ」と素直なだけでいいわけではない。

例えば、アドバイスや教えを受ける時には、素直に受ける。しかし、この段階に留まっているだけではダメで、次に、そのアドバイスや教えをさらに発展させなければならない。つまり、より素晴らしいものにしていくことが必要なのだ。そのためには創意工夫が必要となる。それがオリジナリティであり、自分の中にある「御魂」を発動させる、ということである。

要するに、まず「素直である」ということが大前提。ただし、素直と単細胞だということとは違う。また、素直だが創意工夫がない、というのでもダメなのだ。素直に教えを受け、さらに、それを創意工夫して発展させ、誰もできなかったような素晴らしいものにしていく。そういう人でなければ、本当の意味での御魂の進歩、御魂の発動、御魂の向上はない。

あなたを通過したら、全てが十倍美しくなる

例えば今、あなたが普通のOLならば、これからは特別なOLになることである。

だから、
「教えられたことを守るより、発展させて、創意工夫する人であれ」
なのだ。

目前にやってきたものが、あなたの頭脳のフィルターを通ったら、より美しく、より高貴に、より素敵で、より良く変わってこそ、あなたの人生が価値あるものとなるのである。

あなたの手に触れたら、また、あなたの筆にかかったら、全てが二倍、三倍、イヤ十倍美しく変貌する。そうなったなら、あなたは世界中の人から尽きることのない愛と賞賛を受けることだろう。

あなたの値打ちは、あなたの中を通って出てきたもので、全て判断ができるの

である。それが、
「その人の足跡をみれば、その人が全てわかる」
といわれる所以である。

若い内にもっと読解力を付けよ！

読解力のない人間は、人生頭打ちだ！

ある大学生が将来のことを相談に来た。

少しばかり話をして分かったが、この青年には読書力、読解力、表現力、忍耐力、推進力などの能力が全部足りない。これでは成功どころか、ある程度の立場までが限度である。重役や、まして経営者なんかにはなれっこない。先が見えている。

真剣に己を見つめ、今の内に根性を入れ直さなければ後悔することは明らかである。

そこで私は、厳しいようだが彼に以下のように言った。

「君の場合は、能力的に問題がある。出世どころではない。読書力、読解力、表現力、忍耐力、推進力――主に足りないのがこの五つ。これまで、勉強をさぼっていたか、やったとしても、やり方が悪くて身につかなかったのか。いずれにしても、今からでも遅くはない。かっちりと身につけることだ。

今、大学に通っているのだから、時間がある今のうちに、難解な専門書をきっちり読んでいけるだけの読解力をつけなさい。このままでは、これから先の人生は頭打ちになってしまう。高卒の人でも、世の中で伸《の》していっている人には、難解な専門書でも読みこなすだけの読解力が備わっている。だから伸していけるわけだ」

読解力や理解力をつけるためには、まず読書である

若いうちに、読書力と読解力、読解したものを表現する表現力、思考を整理して文章を組み立てる論理性や組立力、それらを身につけるために必要な忍耐力と

推進力を養うことだ。読解力、あるいは理解力が乏しいと、一流の人の言っている事が何も分からない。色々なことを理解し、表現していかなければ、仮に自分が素晴らしいものを持っていたとしても、相手や社会に伝わらない。自己表現できなければ、きちんとしたコミュニケーションもできないわけだ。

いろいろなことを理解し吸収し、それを表現できるだけの力を養う。若い内はそういう能力を身につけることが大事だから、極論すれば霊層が少しぐらい低くてもいい。仮に地獄の霊層になったとしても、三十代、四十代に挽回していったらいいのだ。それぐらいのつもりで、今は毎日、次々に読書をしていくことである。

学生の間は、社会的にもある程度ゆとりがあるのだから、時間があったら毎日図書館に通って勉強すること。何でもいいから、まず本を読む。専門分野に限らず、広範囲な分野の本を数多く読む。そこからやり直すことだ。これが学生時代にやっておかなければならない第一の勉強なのである。

学校の成績など社会に出たら関係ない！

チャーチル首相も大の勉強嫌いだった

「君は学生か。どこの大学？

そうか、浪人生なのか。だから、気が沈んでいるんだな。大学進学の気持ちはあるわけだ。二十二歳というのは、ずいぶんゆっくりしているな」

ある日やって来た大学四浪生に私はそう言った。

どこでもいいから、入れるところに入学しなさい。十八歳〜二十歳ぐらいまでは、かなり上の大学を狙ってもいい。だが、二十一歳以降は入れる大学に入ることだ。大学のレベルなんて、大して変わりない。どこの大学でも似たり寄ったりだ。見たこともないような大学や、何回聞いても覚えられないような大学など、全国に数え切れない程ある。そこでいいのである。

大事なのは、入学してからの問題だ。しっかり勉強して吸収し、それを社会に出た時に十分に生かすことができるかどうか。そういう意味での実力を養うことだ。

私も、受験勉強や学生生活は性に合わなかった人間だ。ナチスと戦った英国の首相チャーチルもそうだった。彼は「本当に学生生活ほど苦しいものはなかった」と語っている。ことにラテン語の勉強が苦手で、国語が好き。そしていつも兵隊ごっこをしていたという。卒業後に、エジプト戦線に赴任するが、名門出身ということで何もすることがない。それで、朝から晩まで本ばかり読んでいた。それが元となって人生観が変わり、あれだけの人間になった。国語力がそうさせたわけだ。

チャーチルが学校嫌いだったということで、同類に出会ったようで私も非常に嬉しくなった。かく言う私は、流通・経済と、生き馬の目を抜く現場で生きてきた人間で、学者などには本来向かない。高校時代に、先生から「君は大学に入ってから伸びる」と言われたが、本当に大学入学後に伸びた。社会に出てからもそうで、ずいぶんと難しい本をたくさん読んでいる。これぐらい勉強を、高校時代や浪人時代にやっていれば、もっと優秀な大学にいけただろうが、あんまり学校とか学生生活は私の性に合わない。

しかし、そういう私が難しい専門書を読んだり、本を書いたりしている。これは興味がある分野だからである。興味があれば、それこそ寝食を忘れて異常なぐらい勉強できるのに、興味がないと頭が全然働かない。私はそういうタイプの人間である。

その点、受験勉強は、興味があろうとなかろうとしなければならない。私などには、はっきりいって、全然面白くない。おそらく彼にとってもそうだろう。こんな受験勉強を嫌々ながらいつまでもやっていたら、やがて脳ミソも根性も腐ってしまう。まあ、それは大袈裟だが、確実に気持ちは塞《ふさ》ぐし、自信もなくす。長く続けるべきではない。

だから、「見たことも聞いたこともない大学でもいい」ぐらいに気楽に考えることだ。リラックスして勉強すれば、逆に能率もよくなる。それで、少しでもレベルの高いところに入学する努力をすることだ。

大したことがない大学でもいい。問題はそれからで、入学したらまず第一に万巻の書を読む。それで実力を養い、社会に出てからが本当の勝負だ。

いい大学＝いい人生、それは幻想だ

この青年も含めて、高校生や受験生だけでなく親も世間も、あまりにも大学のランクにこだわり過ぎている。それは、真実の姿を見ていないからなのだ。

例えば、いい大学を卒業したとする。それで全ての卒業生がいい人生を送っているかといえば、そんなことはない。そう思いたい気持ちは分かるが、いい学校＝いい人生というのは幻想である。大事なのは、大学入学後に何をするか。そして、本当の勝負は社会に出てからだということだ。

この青年の場合はもう二十二歳であり、非常に危ない。進学するなら、どこでもいいから大学に入るべきだ。二部だっていい。あるいは、きっぱりと進学を諦めてきちんと職に就く。そういう決断をすべき時期だ。大学はどこでもいい。大学なんて誰でも入れるのだから。

それより、やはり社会に出てからが本当の勝負だ、ということを知らねばならない。

社会に出て活躍している人には、学歴は無くとも、気配りなど社会でとても役立つ能力を持つタイプの人がいる。私のところでは、特にそのような人を買っているのだが、社会でも同じだ。

これを会社にたとえてみよう。

例えば、会社なんて一部上場、二部上場というのはわずかしかない。そうではない中堅企業とか、小企業のほうが多い。しかも、日本は中小企業が優秀だから、経済の底がしっかりしている。韓国は大きい会社が経済基盤をつくっているけれども、中小企業が育っていないから、経済力に厚みがない。だから、日本に勝てないわけだ。日本の優秀さは、実は中小企業に秘密があるのだ。世界でも、これだけの中小企業群が生産管理ができていて、技術を持っているところはない。

大企業（エリート）より、中小企業（学歴のさほどない者）が優秀であることの方が、大切なのである。

ところで、受験生の大学観とかものの考え方は、ごく狭い。上っ面や一部だけしか見ていない。ユニークで素晴らしい活動をしている人は、社会にはいくらでもいる。なのに高校の友だちとか親戚だとか、そういう周囲の一部だけしか見ていないと、世の中の真実が見えなくなる。だから、広い視野を持つ人物になることが、実に大切なことなのだ。

勉強はできる時に大いにやっておけ

そういうことで、親が大学に行かせてくれるというのだったら、何も一流大学にこだわることはない。無名な学校でも、レベルが低いところでもいいから入学する。勿論、名門大学を目指しているのだったら、その人はそれを全うするのもいいが……。

しかし、名門大学に首尾よく入った人も、遊びにうつつを抜かしていれば、アッと言う間に抜かれることを肝に命じておくことだ。大学の名門である、なしなどという表面的な事に関わらず、何よりも学生の間に万巻の書を読むことである。余力があれば、体を使ってアルバイトでも何でもして雄々しく、たくましい人間になる。そういう人間でなければ、世の中で役に立たないのだ。この相談に来た二十二歳の浪人生は、今後順調に行けば、卒業が二十六、七歳だから、未だ遅くはない。

ところで、アルバイトで社会性を養い、将来社会に出る時の糧にすることは大変に結構だが、勉強そっちのけでそればかりというのはいただけない。

勉強をすることと、体を使うこと（例えばアルバイト）との両立をしなくてはいけない。勉強しなければならない時には、アルバイトよりも勉強が大事。神様に戒められて牢獄に入れられていると思って、図書館に通いつめて本を読むとか、とにかく勉強をする。できる時に勉強しなければならない。人生にはそういうタイミングが必ずあるのである。

いつかその内に勉強しよう、というのではチャンスを逃す。勉強する環境が与えられているのに、勉強をそっちのけでアルバイトばかりする、というのは本末転倒。ツボを外しているのである。

平凡なら死んだ方がいいと思え！

自分流があってこそ、人生は価値がある

私自身は、常々、

「平凡な人生を送るぐらいなら死んだほうがましだ」

と思っている。

道も真っ直ぐに歩くようなことはしない。左か右に寄って歩く。そういう人生を生きている。

カレーライスでも、普通のカレーライスを作って食べるのは誰でもする。だが、そこに何らかのオリジナリティがあり、食べた人が何か感心し、「生きてて良かった」と思えるようなカレーライスは、簡単に作ることはできない。たかがカレーライスでさえそうだ。

御魂の活動というのも同じ。平凡なことを平凡にして、平凡に終わってしまったのでは能がない。研鑽して自分なりのオリジナリティを出す努力が大切だ。

若いのに、努力を放棄し諦めている人がいる。若いうちから「平凡な人生でい

い」などと言っていては、下の下の人生しか送れない。平凡にもなれない。

もっと高い目標を持て

人はよく「高望み」というが、若いうちは目標・望みは高く持ったほうがいい。「最高・究極の天才の道を進むんだ。自分は天才なのだ」と思って、他人の何倍も努力する。それでも、四十、五十歳になってみたら平凡な人生かもしれない。大天才のミケランジェロや弘法大師などと比べたら平凡かも知れない。でも、普通の人よりは多少は秀でた人間にはなれる。

六十歳の人が「平々凡々の人生でもいい」というのとは、わけが違う。彼らは過去に非凡な人生経験をしているかも知れないからだ。研究一筋に生きてきた大学の教授であるとか、幾つもの会社を経営しているとか、女性と七百人ぐらいおつき合いして全部振られたとか……？　そういう歴史は、その人の個性なのだ。

二十代の時には、平凡なやり方は一切しない。ずば抜けたことに挑戦していく。それだけの根性を持ち、努力に傾注することだ。

「平凡な人生を送るぐらいなら死んだほうがましだ」

それぐらいの気概・気迫を持ってもらいたい。

個性もさほどなく、ごく普通であったなら、その人の人生の価値はいったいどこにあろうか。そう自分の心にいい聞かせてほしいものだ。

十代、二十代、三十代、四十代、そして五十代はこう生きよう

それでは、神霊界の法則からみた、人の一生（各年代）のペース配分をここに述べてみよう。

まず、十代後半から二十代にかけては、一生懸命にやったことが、それ以後の人生のベースになる。才能の根幹を形成するわけだ。

三十代以後は、それにさらに磨きをかけて、世の中に問う時期。三十代では二十代で学んだことをどう表現していくか。同時に人間性や人間としての深みも試されることになる。

脂が乗ってくるのが四十代。この時期には、自分の才能が社会に認められるか

どうかが次第に明らかになる。

そして脂が乗り切るのが五十代。

そういう長いタイムスパンで考えることが大切だ。

原則は、二十代と三十代で己をつくって、四十代に円熟させる。さらに、四十代、五十代で社会の表現が完成していく。つまり、四十代が完成期であり、しかもまだ修正がきく時期でもある。二十代で四十代のことを考えて行動できるのは、相当に立派な人だといっていい。

君は若い内に自慢できるものを持ったか

二十代は始まりの時期である。この時期に「これ」といったものがない人間は、三十代でも自信が持てない。二十代、三十代がそうなら、四十代にも当然期待はできない。まああの人生でしかない。

その意味では、四十歳を過ぎても頭角を現わさない人間は、大したことはない。『論語』にも「後生畏る可し」とある。「後輩は恐るべきものである」という意味で、次々若い人が台頭し、自分を超えるような新しい力が出てくる。

その為にはいかに二十代の過ごし方が重要かということだ。「平凡な人生を送るぐらいなら死んだほうがましだ」と、ギンギラギンに燃えたらいい。

平凡だから死にましたというのは最低。自殺者は、霊界で唐丸籠《とうまるかご》へ入れられたりして、ぴしぴしとしごかれる。自分で自分の命を殺めたわけで、己の行いの罪だからだ。寿命がある間は、御魂を磨かなければならない。それを放棄するのは最低の行為である。

もし今、腹の底と胸の奥にかぁっと燃え上がるものがあるなら、それは御魂の発動だ。その大和魂を奮い起こす時に、神様はその人の心に宿られる（合一して来られる）のである。だから熱く燃え上がるというわけだ。

日本一の宇治金時は、こうすれば食べられる

往復三時間もかけて、一杯を楽しむ

先日忙しい合間を縫って、日頃よくガンバッているスタッフの何人かを京都の甘味店に連れていった。口々に、

「おいしいです！　先生」

と言うから、私は言った。

「そうだろう。日々、一生懸命に生きていたから、この宇治金時が食えるんだ」

と。

これは世界一の宇治金時である。宇治金時は日本にしかないのだから、日本一なら世界一だ。この世界一の宇治金時を食べるために、わざわざ往復三時間も時間を取ったのだ。食べ終わったら、「ご苦労さん」と一言いって解散した。

「何だ、たかが宇治金時か」

と思う人が多いかも知れない。しかし、スタッフは本当に喜んでいた。

一期一会《いちごいちえ》

私は時々、お茶席を開く。

その時に、私は来られたお客様にこう申し上げる。

「皆さん、一杯のお茶を飲む為だけにこの伊豆まで、北海道や九州からようこそおいで下さいました。今の世の中に、これ程の贅沢《ぜいたく》はないと私は思います。交通費を往復五万も六万もかけて、それも平日の忙しい中を、たった十分足らずのひとときの為にいらっしゃる。このせわしない世の中にあって、なんとイキな人生ではありませんか」

と。

私たちの方も、せっかくいらして下さる方々の為に、朝六時頃から畳をふき清め、お掃除も徹底し、いろいろな準備をして、精一杯のおもてなしをしてお待ちするわけである。そして私も、私の師匠である植松先生も、せっかくいらした方々に少しでも喜んで頂きたいと思い、お話をさせて頂く。話といってもざっくばらんな自然のままである。

それが私にとって実に楽しいひとときなのである。このように人生のワビ、サビを解し、真の贅沢の分かる人達ばかりと一緒にいられるのは楽しい。一期一会、人生の只今にこそ真髄があるのである。

素晴らしい食べ物を通して、その「心」を知る

ところで先程の話に戻るが、今回はちょうど京都に来たから、関西エリア本部である芦屋からスタッフを呼んだ。突然のことだったが、別に特別な用事もない。宇治金時や抹茶アイスクリームを食べるためだけに呼んだのである。

もう一つは、これが本来の目的なのだが、この宇治金時の味を覚えて、そこに込められている「心」を感じて欲しいということだった。そして、人が訪ねてきた時などには、これと同じように「心」を込めてお茶を出して欲しい。そういう大切な「心」を知って欲しかった。それを味覚で覚えておくのである。

カレーライスでもそうだ。自分の舌の感覚で、例えば究極のカレーライスを覚

える。それが大切なのだ。

経験の少ない人にとっては「こんなものか」と思うことでも、自分でいろいろと経験して、本当においしいものを食べている人には、例えば「何が足りないか」が分かる。足りなければ自分で足していけばいい。それができるようになるわけだ。

だから、「心」を込めてお茶を出しなさいというのも、頭で覚えるより感覚として体で覚えておけば、どんなことをすればお客様に喜んでいただけるかが、自ずから分かるだろう、という意味だ。今までやっていたことに何か足りないものはないか？　足りなければ足す。私はそこに気付いて欲しかったのである。

たちまち好調の波に乗る法

笹川良一氏にみる、幸運を呼び込む法

人間、何でもいいから一つ調子がいいときは、次々調子良くいくのだが、一つ、

二つ失敗すると、駄目じゃないかと自信を無くしがちである。そこから、ガタガタと駄目になっていったりもする。そこを克服できれば、こんなに心強いことはない。

そこで、一つ話をしてみよう。

笹川良一さんという人は、心を奮い立たせることの達人であった。以前、笹川良一さんにお会いした時、いきなり、

「君、僕のことを悪くいうやつは、これは全部ソ連の手先だ、スパイだ」

という。

「はあーっ」

第一声がこれだから、唖然とする。

「中国に行ったとき鄧小平に会って、君、ソ連と仲良くするよりもアメリカと仲良くしたほうがいいと僕は言ったんだ。それから、アメリカと中国は仲良くなり始めたんだ」

「はあー」

その次、

「この前（ロサンゼルスで）オリンピックがあっただろう。そのときに、ソ連とか東欧諸国は全部ボイコットしたけれども、わしはそんなことに負けるなといって、ポケットマネーで花火を三千発寄付したんだ――ロサンゼルスのオリンピックの花火をぱあっと――あれで収支決算してみたら、ロサンゼルスオリンピックは、最高に黒字だったんだ。あれは、わしの花火をぱあっと上げたから黒字になったんだ」

「はあー」

「言っとくけど、わしのことを悪くいうやつは、全部ソ連の手先だからな」

と言って、アハハと笑っている。なんと、当時八十六歳。

あれだけの方だから恐らく、あっちこっちからそれはいろいろ言われるだろうし、時には失敗もするだろう。しかし、この人はこう言いながら、ぱっと心を切り替えて、絶えず自分を最高のコンディションに持っていくように、自らを鼓舞しているんだなと感じた。

一つ失敗したら、「ああじゃないか、どうだろうか……」とか、次も不安になるものだ。普通、失敗が一つあったら、人間の気持ちというのは下り坂にいくものなのだが、それを笹川さんは、周囲が唖然とするような大きな事を、次々に平然と言う。そう言いながら、自分というものを奮い立たせているわけだ。

お会いした時に、笹川さんの守護霊が私にそう言っていたのだ。

「こう言いながら彼は、自分を鼓舞しているのです」

と。

笹川さんもハハハッと笑っているんだが、同時に私と守護霊の間で、そんな交信が交わされているのである。

心外悟道無し

その笹川良一さんの好きな言葉が、「心外悟道無し」。

「悟りの道は心の外になし」であり、実はそういう心の切り替えがぱっとできるということは、その実践に他ならないのだ。

若い間に調子良くいっている人は、一つか二つ失敗したり、自信を無くすようなことがあると、駄目だと思い、世間は甘くないんだと思ってがたがたといく。

ところが、失敗の一つや二つ来ても、成功するまで同じことを二十回ぐらいやる人がいる。そのうちにヒットが出て、やっぱり成功したというふうになるまでやる。粘着性があって、悪くいえばあきらめの悪い人間、その精神力がある人は最後には成功する。実は、ここで能力の優劣が決まってくる。

誰でも、調子のいいときは強いものだが、ちょっと失敗があったり、不幸が続くと、そういう消極的、マイナス観念的状態になって本当に駄目になっていく。ところが成功者を見ると、失敗の経験を何度もしているのだけれども、すぐに立ち上がっている。

心の切り替えの天才になろう！

棋士でもプロゴルファーでも、心の切り替えの力こそが、強者・達人となる必要不可欠の要素なのである。

こういう人こそが、本当に運のいい人だといえる。そういう心のバネを持つことである。では、心のバネは何でできているのか？

心のバネは、本人の前世の修業と信仰力と、見えないが背後でシッカリ守っている守護霊の、頑張れ、やるんだという心の支えなのだ。あなたも、そういう気持ちで、何度も自分自身を鼓舞して、はっきりと意図的に、自分の気持ちを元気づける努力を怠らないことである。

ただ、それだけのことで、運勢は天・地に振り分けられるのだから。

神仏からいっぱい功徳を引き出す法

「愛想よく人と接するのと同じ分を神仏に向けるべし」

皆さんは人様には、例えば、

「ようこそいらっしゃいました。お久しぶりです。お元気でいらっしゃいますか」

「まぁー、久しぶりで。その節はお世話になりまして」

などの挨拶をするだろうが、神仏に対しても同様に、

「ようこそこの神棚に来ていただきまして、ありがとうございます。その節はお世話になりました。その後、お元気でいらっしゃいますか。今日は、こういうお願いをしようと思っていますが、どうかお聞き届けください。お聞き届けいただければ、主人も母もどんなに喜ぶか知れません」

というような言葉をかけ、接触しなくてはいけない。

人間相手には愛想よくしているのだから、神仏に対しても、祝詞《のりと》をあげ、お祈りし、お願いするだけでなく、もう少し言葉を足して愛想良くすることだ。そうすることで神仏も気持ち良くなる。例えば、

「そんなに丁寧に言ってもらうと、何かもっと守護してやらねばな……」

という気持ちが生じてくる。だから神仏も発動され、いっぱい良いことが起こるわけだ。

要するに、人様に向けるのと同じだけの心配りを神仏にも向けること。

それによって、神仏は、あなたの「目に見えない世界と目に見えている世界」とをバランス良く守護し、協力してくださるわけだ。

一日でセンスが良くなる秘法

センスのいい人に選んでもらう

センスは、人の魅力をグンと高める大切なものである。

洋服のセンスや髪型のセンス、そして持ち物のセンスなどは、その人そのものでもある、といっていいだろう。

また、若い男女でも、センスのいい人と、悪い人とでは、圧倒的にセンスのいい人がモテているのである。

では、センスが良くなりたいと思ったら、どうすればいいか。

決して難しいことではない。センスの良い店員さんがいる店にいき、洋服なら洋服の、十パターンぐらいの組み合わせを聞いて覚えておけばいい。そうすると、店員さんたちが同じパターンを繰り返しているのが分かるはずだ。

まずは十種類ぐらいのレパートリーを覚える。そして、最初は教えられた通りにする。つまり、センスがいい人が選んだものや組み合わせを、そのまま身につけるわけだ。

そうすると、見た人は皆が皆、

「あっ、センスが良い人だな」

と思う。服装は似合っていれば良いのであり、それが「実は、売子さんに選んでもらった」などというのは関係ないことである。そういうことには触れずに、黙っていればいい。これなら、洋服のセンスを良くするのは、一日でできる。後は、それを基本にして少しずつ自分の個性を出していく。それが、アッ！　という間にセンスが良くなる必殺技である。

器や家具のセンスは難しい。だからそのままセットで……

また、器のセンスの場合も、店なんかに「センスいいな」という取り合わせが展示してあるから、それをそのままセットで買えばいい。器だけでなく、それに付属して展示されているテーブルやイスなど、専門家がディスプレイしたものを、そのまま家に持ち込むわけだ。

器と家具をどう組み合わせ、どう飾るかというのは、かなり難しい。何しろ、ディスプレイの専門家がいるくらいだから。そこでプロのセンスをそっくりそのまま真似するわけだ。これなら一日でできる。簡単なことだ。

ファッションにしても、家具や器にしても、まずセンスのいい人のものを真似することから始める。センスが悪いのは、関係する情報のインプット量が少ないためで、選択の幅が狭いから。そこで、人真似をすることでいい情報量を増やし、選択の幅を広げる作業が必要になるのだ。

実際、センスのいい人というのは、例えば、お父さんやお母さんがセンスが良くて小さいころからセンスのいい選び方を見ている。つまり、たくさんの情報が頭の中に入っているわけだ。だから、センスがいい。

デザインもセンスを必要とする。しかし、デザインも一日でセンスを良くすることができるのだ。私が出版する本の表紙は、その出版社がデザイン事務所を何軒も使って、幾つかのデザイン案を出させたものから、私が選定している。例えば、印刷で出すのが難しい色は赤とブルーだし、金に合う色の組み合わせは赤と金・緑に金・黒に金という具合に、一番いい取り合わせがあるわけだ。

だから、大体はそれを選んでいる。そのパターンが頭に入っているわけだ。要するに、赤に金を使って「いいな」と思ったら、「赤に金がいい」と頭に入れる。緑に金もいい。黒に金もいい。そういう具合に、幾つかの組み合わせパターンを頭にインプットする。この三つの取り合わせ以外は、高度な色彩の取り合わせが必要で、なかなか難しいセンスが要求される。

そういうインプット作業があって、その取り合わせを次回、次々回に応用していく。センスというのは、そのようにして磨かれていく。どこかで「いい取り合わせ」を見たら、それを覚えておく。だから、一日でできるわけだ。

誰でも一流に、一日でなれる⁉

そう考えたら、「センスってなかなか身につかない」、なんて思うことはない。まず、センスのいい人の選んだ取り合わせを、そのまま真似る。そっくり買えばいいのだし、買えなければ、そのパターンを頭にインプットして覚えておく。それから、要素を変革して応用していけばいいのだから。

たったそれだけのことだ。だから、「センスがない」「洗練されていない」などで悩んでないで、今いったような方法をやってみることだ。でなければ、永遠にセンスは良くならない。「大変だ」「難しい」と頭から思うからダメなのであり、やれば一日でできる。

このように、「神人合一《しんじんごういつ》」は一日でできる。芸術家には一日でなれる。何でも一日でできると強く念じて、後はそれから考えたらいい。その道で、既に一流になっている人にお願いする。あるいは、その人の真似をする。それでいいのだ。今までの人生観とか、固いものの考え方が、ぐちゃぐちゃ、ズタズタに寸断された気がするのではなかろうか？

そういうやり方をドシドシ利用していかないと、センスの悪い、平々凡々の人生で終わることになる。読者の皆さん、センスは一日でできる。同じように頭を柔軟にすれば、トップセールスマンにも一日でなれる。

ちなみに、販売会社は、トップセールスマンがなぜ一番なのかという根源を探り当てたら勝ちだ。あるいは、そういう人に一人来てもらったら、すぐにその会社は一番になれる。頭の使い方は幾らでもあるわけだ。

知恵を磨いて感情をコントロールせよ！

「お医者さんでも治らぬ病、恋及び悩みに気を付けるべし。
深い知を学び、研鑽する精進が足りぬ」

これは、ある男性に夢中になっているが、片想いの為、何も手につかなくなっている女性の守護霊が、その女性へのメッセージとして語って来たものである。解説してみよう。

気持ちの憂いとか、浮わついた気持ちというのは誰にでもあるし、恋も悩みもロマンである。私自身も文学的ロマンチストというか、繊細なる感性に生きている人間であり、絶えず神に恋をし、いろいろなものに恋をしている。ただ、異性を恋する心が起きたら、神様世界とのパイプが弱くなるのは否めない。

そういう場合にどうするかというと、そのような「感情」や「思い・情感」を鎮静化させるには知恵しかない。知を磨くというのはクールになることだから、知によって感情の熱を冷ますわけだ。ただし、あまり知ばかり磨き過ぎると情が薄くなる。情感に乏しく、愛が浅くなることになる。

愛情と情感。その溢れる思いが悩みや葛藤の原因である場合は、脇目もふらず知恵を磨く。研鑽・勉強をする。そうすることで、自分の体内に静かに清々しく涼やかなるもの（クールな霊気）が流れ出てきて、身悶えするような思いとか、恋心が鎮静化する。清々しく、やさしい、穏やかなものに変わっていく。

情を消し、鎮静化させるのは知恵である。知恵の研鑽に没入し集中することで、過熱した情が、より高度なものに昇華していくわけだ。

逆にいえば、その研鑽が不足している場合には、己を苦しめている情や思いなどはお祈りしたって治らない。だから、知を磨くこと。知恵の研鑽に努力することが、第一に大切なのだ。

株の真髄を会得する法

「株をやって株を離れ、株を見て見ぬ人であれ。株がわかり、霊層も上がる」

これは株にとらわれているある男性に、私がアドバイスとして色紙に書いた言葉である。

人は一つのものだけをやっていくと、次第にそこに没入し固執するようになる。そうして執着心が起きて思い入れだけが強くなる。ある種の客観性を保てなくなるわけだ。それがすごい場合を「妄執」と呼ぶが、そうなったら向上も何もない。無限の暗闇にいるようなものだ。その中に、何か閃きのようなものが浮かぶこともあるだろうが、そんな精神状態では、閃きを捕まえるのも難しい。

例えば、寝ている時には自分が株券の上に寝ている夢を見たり、目をつぶると株価の推移が出てきたり、折れ線グラフを見たら全部ダウ平均の推移に見えてしまったり、数値を見たらすぐ株価を連想してしまう。物事に没入していくと、概して、入口から真中あたりにかけてはそういう状態に陥りやすい。

しかし、ずば抜けて株の神様になろうと思ったら、「株をやって株を離れた」境地になることだ。株を見ていて株を見ず、もっと別なものを見ている状態である。

「木を見て森を見ない」ということが言われるが、「木を見て同時に森も見る」

「森を見て同時に木も見る」ということ。これが分かり、この境地に立てれば、本当に株が分かる。霊層も上がってくるはずだ。

株の浮き沈みがそのまま自分の心の中に入ってしまうと、それによって心がかき乱されて霊層が落ちてしまう。その状態から一歩突き抜けた境地を目指す。それを超えられたら、株も分かるし境地も高くなる。これが株の真髄である。

自力《じりき》と他力《たりき》が十字に組んでこそ本物

自力ばかり、他力ばかりじゃいつか行き詰まる

巷では、瞑想が自己能力の開発法として大いに関心を呼んでいるようである。あるとき、日本で瞑想の教師をやっている人が、私の本を読んで、セミナーに参加してきた。そして、毎回来るようになり、とうとう瞑想団体を辞めてしまった。

その後も、次々にそういう方が来ては、次々に瞑想を辞めていく。その原因が、みな、私の本と講演、そしてセミナーだったのだ。どうやら、私の話を一度聞く

と、そのまま瞑想教師を続けていくことに疑問を感じるらしい。

なぜだろうか？

瞑想というのは自分自身の潜在意識を磨く。もちろん、それは大事なことだ。ところが瞑想は潜在意識ばかり磨くのだ。いくら潜在意識を磨いても、これは大きな意味での自力を出すだけのことなのである。

本当の正しい道というのは、自力本願と他力本願が十字に組まなくてはいけない。人間が努力するのに合わせて、他力（神力、霊力）が動いていく。自分の魂も成長する。そうして他力と自力がピタッと十字に（どちらにも偏り過ぎず、バランスよく）組むのが、本当の道なのだ。

これは、植松先生がおっしゃるところの「惟神《かんながら》の道」、「神人合一」であり、神様と人とが一つになっていることなのだ。

自力ばかり出すイメージコントロール（想念術）の反対に、「南無阿弥陀仏」の信仰がある。それは何でも神仏（阿弥陀如来）にすがっていく一〇〇％の他力信仰である。私は、法然上人や親鸞上人のあり方に異を唱えるものではないが、どうも後世その真意を誤解して、祈りばかりで努力をしない人々が出てきてしまったように思う。それもまた努力不足で、魂の進歩がない。

逆に努力ばかりならばどうかと。人間の努力で何でもできると思うのは、人の勝手な思い込みであり、傲慢なことだ。すぐ行き詰まるものだし、限度がある。しかも、努力して駄目だったら、反動で絶望に至ってしまうこともある。信念で生きる人間は、挫折すると絶望してしまうものなのだ。

確かに、挫折や失敗は絶望を呼ぶ。しかし、信仰に生きる人間にとっては、絶望は信仰の糧。試練なのだ。神様に目覚めた人、信仰を持っている人と、信念で生きる人とはそこが違う。

例えば、信仰の人はやられればやられるほど、ぶつかればぶつかるほど伸びていく。ところが、信念のみの人は、どんなに強い信念を持っていたとしても、それだけで最後まで全うできるのは、それこそ一万人に一人ぐらいのものなのだ。「努力、努力」でやっても、必ず行き詰まりがある。結局は、神様を心の寄りどころとして寄りかかっていく、斜め歩きをするのがいいのだ。

大本教の筆先（神示）にも、「神様に寄っかかって生きなされ」とある。あまりにも自力が強すぎれば我《が》が出てしまう。

逆に、あまりにも他力でやり過ぎると依頼心が強くなって進歩しない。だから、他力に寄り過ぎたり、自力に寄り過ぎたりするのはよくない。

正しい道は、「自力の中に他力あり、他力の中に自力あり」――自分と神様が半分半分、どちらが神で、どちらが自分かもわからない状態なのである。すなわちこれが「神人一体」、「神人合一」なのである。

だからこそ、人間の努力以上のものが出せる。努力ももちろんするわけだが、努力以上の結果が出る。十年かかるところを一年。一年のところが一カ月でできるわけだ。

マルチ的天才が、これからの理想的人間像

「神人合一」と言い「神仏か人かわからないような人」というと、例えば、伝教大師やイエス・キリスト、お釈迦様が思い浮かぶ。しかし、こういう聖者のような人たちは、宗教的な聖者ではあっても、神様がおっしゃる「これからのあり方」というのとは違う。

では、どういう人間像がこれからの時代の最先端であろうか。それについて少し述べてみたいと思う。

これからのあり方、時代をリードする最高の人物像というのは、いわば弘法大師やレオナルド・ダ・ヴィンチ的タイプ。

宗教的なベースを持ちながら、仕事もでき、芸術もでき、何でもやりこなして、本人も素晴らしいうえに、社会も良くなっている。そういうあり方なのだ。

私の考えでは、弘法大師や大本教の出口王仁三郎は、これからの「神人合一」の像を表わす一つの雛形《ひながた》だといえる。

我々はそういう像に目覚めて、今世が実業家だったら来世は学者、その次は宗教家、さらにその次は芸術家というように、三十三相に化身する観音様のように、多面的な要素でやっていかなくてはならない。これが生まれ変わりを通して進化することの意味なのだ。

これを、魂の進歩、向上という。少し具体的に、会社のことを例にあげて解説してみよう。

会社の人間にも、下は平社員から、上は代表取締役社長までいろいろな立場の人間がいる。そして、それぞれの地位で役割が違う。例えば、経理の平社員は伝票だけをやる。それが課長になると、伝票整理の他に人事考課をして報告書を上げたり、いくつもの仕事をこなさなければならなくなる。

　部長になったら経理と販売全部を知らなければならない。事業部長ともなると、オールラウンドかつオールマイティーに掌握する必要がある。社長はというと、これはもう、財務管理・労務管理・資金調達・税務処理・販売・商品管理と、相当の自在性を持って様々な分野に熟達していなければならない。しかも、そういったことを全て知った上で、普段は各部署に仕事を任せて、自分はあまり動かない。

霊界も、上位の霊ほど自在性が高い

　これは仏様の世界と同じなのだ。

　大日如来様というのは何もなさらないで、中心で車軸みたいにしておられて、周囲がグルグル回っていく。周囲というのは、例えば不動明王や文殊菩薩、薬師如来などの存在だ。しかし、不動明王も他の仏様も、その実は大日如来の化身なのである。大日如来のある一面を体現し、お役割を分掌しておられるのが、各々の仏様だと言えるのである。だから大日如来というのは、頂点にもなるし化身して下にもなれるのだが、普段は代表取締役と同じで動かない。権力だけで動きは委ねている。命令を発するだけである。

また西方阿弥陀浄土においては、中心であり最高のお立場におられるのが阿弥陀仏である。この阿弥陀如来様は、何度も発願を持って修業して、阿弥陀浄土の盟主になられた。初めから阿弥陀如来だったのではなく、何万年も修業した結果、阿弥陀如来様になったわけで、いわば阿弥陀浄土の代表取締役なのである。

会社でも、上のほうにいけばいくほど、自在性、多様性が必要になってくる。幾つもの分野を経験し、オールマイティーだということが、上に立つ人の条件になってくるのだ。

人間の進歩、向上もそう。霊的な覚醒が伸びて徳を積むと同時に、今世は学者、次は事業家、次は宗教家、さらに次は芸術家と幾つもの要素を経験させられて、弘法大師か観音様のようになっていく。前世の積み重ねがあるから、芸術をしていても実業のことが分かる。事業家であっても芸術が分かる。そのように過去努力して経験を重ねた人は、今世その積み重ねを全て活用でき、どの分野にいってもオールマイティーに頭角を現わすことになるのだ。

これからの時代、つまり、私がもっと老人になるころには、オールマイティーで、多様性に富み、何でもできる、多面的な要素を持つ、という人が最も偉いという価値観の時代を迎えるだろう。

以前、箱根でセミナーを開いた際に、植松先生が、

「自在性がなくてはいけません。自在性があればあるほど尊く、偉いのです」

とおっしゃっていた。逆にいえば、

「ワンパターンであるほど偉くない」

ということである。だから私たちは、無駄なことは世の中に一つもないのだと悟って、あらゆる要素を勉強すべきなのである。

人生を長いスパンでとらえよう

だから、私たちが人生の上で大切にすべきことは、臨終のその日まで勉強し続けよう、という意識と気迫である。

「もうこの年だから」などと言ってはならない。0歳から見れば七十年間生きたかもしれないが、臨終の日から見ればあと十年ある。そういう見方をするのだ。

それに、例えば修業途中で死んでしまっても、心配ご無用。臨終の後には霊界があって、そこでも修業が続けられる。さらにまた来世があるわけだから(深見東州の著書『大金運』では二万年計画と書いているが)、最低五、六百年ぐらいの計画で努力することが大切である。そう考えると、物事の習得に意欲が出てくるのではないだろうか。

死の前日まで、七十の手習い、八十の手習い、九十の手始めをやっていくのが、人生の正しい理解だと言える。

ところで、また別の機会で紹介してみたいと思うが、あのお釈迦様でさえ、発願してから十数回生まれ変わって、遂に悟りを開かれたことを私は知っている。読者の皆さんも、すぐに弘法大師やダ・ヴィンチというわけにはいかないかも知れないが、少しずつでもいい、向上していくということを忘れてはいけない。昨日より今日、今日より明日が素晴らしければ、あなたの魂は本当に喜んでいるのだ。私たちはなぜ生まれてきたのか。それは向上するためであるということを忘れないことである。これは、天地開闢《かいびゃく》以来、変わらないことなのだから。

ところで、もしあなたが経営をなさっている方なら、是非、以下のことを知っておいて頂きたい。

経営者というのは、本当に大変な仕事である。ほぼオールマイティーの能力を、常に要求される立場である。計数に明るくなくては話にならないが、計数ばかりではダメで、人徳がいる。といって、甘きに過ぎてもダメ、厳し過ぎてもダメだ。一言で言えば、中庸のツボに入らないと、永続的に利益を上げていくことはできない。

例えば決算期には、前年度比何％の売り上げ増だとか、決算期に徹しなければいけないが、決算期ではない時に決算のことばかり考えていてはならない。中庸の中とは、強い時は強く、弱い時は弱く、どうでもいい時は何もしない、ということである。達人の経営者は、決算期には徹底的に決算に徹して、済んだ後はパッと忘れてしまう。

それを十年、二十年、三十年と続けるのは大変なことだ。大変だが、しかし、それをその人に、神様が要求されているのではないかと思う。「霊的覚醒」――魂の向上と進歩、徳を磨き、霊的に進歩する――に直結しているのが会社経営であることが、お分かりいただけると思う。すなわち、あらゆる面から自分を磨いていくための一つの媒体が、会社経営なのだ。

そして、会社を見事に舵取りして、荒波を乗り越えていくということをくり返し錬磨した経営者は、普通の人よりもはるかに神人合一の修業が進んでいるのである。

そして実は、これは経営者のみならず、あらゆる分野、あらゆることに通ずる真理なので、あえて経営者のたとえをもってここに紹介したものである。

人生を
強くする法

第 **5** 章

若返りの法

老け込んできたのですが……、という悩みを持った人から相談の手紙が来ることがよくある。これについてお話ししてみよう。

人間、齢を重ねると、精神が緩むことより、若さが衰えることのほうが恐い。だから人は、年を取る程に、若返るためのあらゆる努力をするべきだ。

中には「精神が緩んじゃいかん、精神が緩んじゃいかん」と思って、気を入れて引き締めて頑張る人もいる。それももちろん尊いが、とにかく、若々しくなるあらゆることをすることだ。

洋服も、出かける場所も、考えることも、読む本も、まず「若さを保つ」ことを第一義に選ぶこと。心身ともに若々しくなるようにと考えて、全て行動することだ。

例えば、息子と一緒にゴルフへいく。息子は嫌がるかも知れない。それでも、「一緒にいこうよ」と誘う。そのうちゴルフが楽しくなる。肉体のトレーニングにもなる。まっ黒に日焼けして自信も湧いてくる。それなのに、年を取ったからといって逆に、家に閉じこもっていたのでは、年齢以上に老け込んでしまう。それよりは、若い人と一緒にゴルフにでも出かけることだ。そして、自分も楽しむこと。これが若さを保つ秘訣である。

「ねばならない」とするのではなく、楽しいから、面白いからやる。そういう瑞々しい心や気持ちを保つ。それが重要だ。

女性なら、お化粧や洋服など、ファッションをちょっと変えるだけでも、別人になったような気持ちになったり、心がはずんだことを経験しているはずである。何でもいいから、あらゆることに挑戦することだ。

今からロッククライミング？　腰が続くかどうか分からないけれど、やれると思うなら、とにかくやってみることが大切だ。

仮に、ロッククライミングは無理だとしても、若い人たちがいっぱい集まるようなところに出かけるのがいいだろう。そうして、彼らと話をする。話題は何でもいい。霊界の話をしたっていい。とにかく、若い人たちと話をして、若々しい気を吸収する。二十代前半から中盤にかけての男の子、女の子には、旺盛な若々しい気が満ちているから、それを吸収することで若さに転化するのである。

逆に、年寄りが集まっているところにいくと、何もしなくとも年寄りの気を受けてしまう。ただし、奥さんと会わないわけにはいかないから、奥さんと一緒の時には、奥さんと一緒に若々しくなる努力をし、一緒でない時には、できるだけ若い人たちと会って若々しい気を吸収する。そうすることで、奥さんのほうも若々しく蘇るのだ。

あなたが若々しくなれば、奥さんも必ず感化されていく。気持ちが緩むということ、精神が緩むということよりも、若々しさが衰えることのほうが恐ろしいから、そこに気をつけて行動を起こすことである。

開運するには明るくなること——その方法は⁉

「嬉しいことを山ほどつくれ。工夫と陽の気が足りぬ」

嬉しいことって何だろう？　読者の皆さん、試しに「こうなったら嬉しいな」「こういう風なことがあれば嬉しいな」「こういう時間が持てたら嬉しい」「こういう人との出会いがあれば嬉しい」などなど、自分にとって嬉しいこと、それは何かなと考えてみてほしい。

アクセサリーでも洋服でも、食べることでも何でもいい、自分が一番嬉しいなと感じることを列挙してみる。

次に「それを絶対にやろう」「つくってみよう」とか「手に入れよう」と思う。そう思うところに創意工夫が生まれる。そうすれば、その努力をするプロセスでまた嬉しいことが起きてくるし、「やろう」と思ったことも実現する。だからまた嬉しい。

嬉しい事が来るのを、ただボーッと待っているだけではダメだ。言われたことをただその通りにするだけでもダメ。自ら進んでやらなければ、己自身の魂のランクを上げて運を良くすることはできない。自分の中身をより素晴らしくすることにはつながらない。

「ねばならないから〜する」「言われたから〜する」だとか、あるいは「有意義だと思うから〜する」では、心の陽の気、つまり明るさが足りない。

九州の人など、何もいわなくても嬉しいことばかり考えて、何もないのに嬉しがっている。これなどは、気候が暖かいからかも知れない。だから、「暗い」と人に言われるような人は、九州に引越して明るい九州人の中で生活してみるのもいいし、九州のどこかに生まれ変わってきてもいい（ただし来世になるが……）。

要するに、嬉しいことを一生懸命つくること。あれも嬉しい、これも嬉しい。嬉しいことはたくさんあってもいい。何でもいいから自分でそれを考える。御魂が向上すると思ったら、苦しみも嬉しくなる。

極端な話、痛みや苦しみが嬉しいというマゾヒズムであってもいいのだ（ほどほどにしていただきたいが）。そして、嬉しくなるものに向かって努力をする。精一杯努力をする。そのプロセスや結果が自分の心に返ってきて、本当に嬉しくなれる。そうなった時の魂は、ぴかぴかに光輝いている。燦然とバラ色に輝いているのである。そういうものの考え方をしていくことが、開運し、幸せになる一つの方法なのである。

争いごとを避けるな

「当たりさわりなきこと申して、実のなきことを申し、恐いこと申さぬは卑怯なり。もっと実のあることを気を入れて申すべし」

ある男性が相談に来た。

その人の守護霊からのメッセージは、このようにいっている。

根底にあるのは「争いを避け穏やかにいこう」という思いだ。「争わないように」「穏やかになるように」「平和にいくように」と思う。だから当たり障りのない言動になるわけだ。

しかし、時には争ってもいい。争って勝つ必要もある。なぜなら、当たり障りのない言動に終始するのは、見方を変えれば、単に自分が「嫌な思いをしたくない」「争いたくない」「嫌に思われたくない」というだけのことで、卑怯なやり方である場合があるからだ。

別に争いを奨励しているわけではないが、人間が生きていく以上、従順に従うだけであってはならない。時には、たとえ上司や偉い人の意見であろうと、それに逆らい、堂々と自分の正しいと思う意見を主張しなければならない場合もある。それを自ら放棄してしまったのでは、「卑怯」と言われても仕方がないし、盲目的な従順は人間失格でもある。

　時には争う。ただ、その場合の言動には工夫がいる。言い方を丁寧にするとか、「実のあること」を意見として述べる。つまり、空虚な空論や現実無視の暴論ではなく、現実や事実に即した実際的な論。それが「実のあること」であり、それに気を入れて主張するのは意義のあること、しなければならないことである。それなら守護霊は味方をするし、自分の個性や存在感をはっきりさせることができる。恐れてはだめである。

　争いを好むことはない。しかし、争いを避けようとするあまり、争いを恐れおののくような精神状態に陥り、結果として卑怯な生き方をしてはいかん、ということだ。そして、言い方次第で争いが平和になり、平和が争いにもなる。ものは言いようで、四角も三角。三角も丸になる。だから、言い方をよく考えること。その上で、自分の意見や有意義なことを積極的に発言していくことだ。

　続けて、この男性に守護霊がこう語る。

「気合を入れて、人の顔と人の心を気にせずに生きるべし」

　この、気合を入れてというのは、これは絶対に成功させようと思っても、

「しかし、あの人はこういうふうに思うかもしれないな」

とか、

「あの人はどういう顔をするかな」

などと考え、いろいろと思い迷ってしまうと、折角のやる気がへなへなとなる。

だから、気合を入れて「よし、やろう」と思った時には、他人がどう思おうと、くよくよあまり考えないこと。でなければ、本当には気合が入らない。

そのためには「見切り」が必要だ。

「見切り」とは武術の言葉で、相手の力量や出方を見極めたり、相手の太刀が届くぎりぎり寸前の間合いなどを測ること。だから、「ああだ、こうだ」と文句をつけるやりにくい人物がいたら、前もって見切り、作戦を立てる。つまり、「こういう人を通して意見を伝えれば素直に聞く」とか、「こういう言い方では歯向かってくるが、この言い方なら納得する」とか、相手の性向や癖、弱点などを見切った上で、有効な方法をとるわけだ。

どんな人間にも癖や弱点はある。ヘビは頭を押えれば捕まえることができるし、つるつる逃げるウナギも、ある箇所なら捕まえられる。人間関係においても、そういうコツがある。その見切りができれば、どんな人間でも思い通りに動かせる。ところが、最初から気合で負けていると、その見切りが見えない。だから、負けてしまうのだ。

勝つにはやりようがある。何事にも、必ず勝つ道（方法）がある。それが分かれば、気合も十分に入り、結果として勝つことができるわけだ。

他人の心や顔色を気にし過ぎるのは、思いやりがあり優しいからだろうが、それだけではダメだ。結果的に、自分の魂に気合や根性が欠けてしまい、魂の輝きが薄れる。それでは、境地が高まらない。

思い当たる節のある方もあろう。あなたは、人がどう言おうと、やるべきことはやること。それで、行き詰まっていた境地が一気に上がるだろう。

失敗を
バネにする
生き方

第6章

失敗を克服する方法

身の周りに起きた現象から、神意を読み取れ

人は、神意の受け取り方が上手になってくると、人からのちょっとした言葉や何かのヒントで、パッと天の教えや警告を理解できるようになる。あるいは、病気やケガ、何かのトラブルに会うことで、「ハッ」と自分の間違いに気付いたり、「これは神様からのブレーキではないか」と気付いたりできるようになる。

そんな日常生活の中や、社会の事件・ニュースなどを通して、神様が何かの教えや警告をしていることは実に多い。現象を見て、天の教えを受け取ることは、上級レベルの未来予知の法でもある。

しかし一方で、何事かが起こった時に、「アッ、これは自分のどういうところが間違っていたのだろうか」とか、「これは何の因縁が出ているんだろうか」とか、「どういう戒めなのだろうか」、「原因は何だろうか」、とあまり考え過ぎない

ことも大切なことである。

何故ならば、それをあまり掘り下げて考え過ぎていると、その渦中に入ってしまうからである。災いとか、過ちとか、問題点というものは、考えることも必要だが、最小限度にとどめてあまり気にしないことだ。つまり、天意を受け取ることと、物事にとらわれることとは、まったく別ものだからである。

気にしすぎると不運を招く

例えば、今日はお見合いの日だとする。

出かける準備もできて、さあ、出かけようとした時に、自分の家の玄関の前で通りがかった子供の自転車が転んだとしよう。

「あっ！　これは不吉な暗示」

とも、とれる。特に神霊的なことに敏感な方はそう取りやすい。

たしかに不吉な知らせだったのかも知れない。しかし、今さらあなたはお見合いをキャンセルするわけにもいかないだろう。

そんな時、つまり、どうせやらなければならないことであるなら、そんなの偶然あったことだ、と受け流すことである。ただし、そんな妙な事が、三回続けて起これば、これはほぼ間違いなく神仏の警告と思って、警戒した方がよろしい。しかし、一回ぐらいのことでは動揺せぬことである。

何故ならば、動揺し気にしすぎると、気持ちが収縮してしまい、自分の魅力もまったく出すことができずに、本当に悪い結果を招いてしまうからである。

これは今述べた、天の教えとはちょっと違うが、弓や射撃、ゴルフのプレー中に、ちょっとでも余計なことを考えるとミスにつながる。しかもミスした時に、「しまった、なぜああなったんだろう。あんなことをしてしまっては駄目だな」とか考えてしまったら、その後はミスの連続。それは、心理的に動揺してしまうからだ。スポーツでは、これが一流選手と二流選手以下とを分けることになる。

一流選手はミスをしても気にしない

一流選手は、ミスした場合でも心の切り替えが早い。「そんなこともあるさ」

と軽く流すことができるのに対して、二流以下の選手はミスを心理的に引きずってしまう。これが名人と凡人の差である。

私はよく呉清源先生の話をするが、囲碁の名人でさえ、よく打ちミスをすると いう。普通なら「しまった！」と思って動揺し、ミスを連続してしまうが、名人の場合は「しょうがない」と、失敗した思いを切り捨てて、何事もないように次の一手を指す。これで「しめた！」と思っていた対局者が、逆に疑惑・不安に駆られてミスを犯す。囲碁や将棋などの勝負の世界には、こういうことが多いという。

だから、悩みや災い、ミス、思い違いなどが起きた時には、一応はそれに対しての反省はしなければならないが、それ以上深く掘り下げて「ああだ、こうだ」と考え過ぎたり、思い悩んだりしないことが大切である。

「時にはそんなこともあるさ」とか「折悪く、たまたまそうなっただけだ」と思いを切り捨てる。それで、また明日から明るく元気に積極的に生きていけばいい。それによって、災いや過ち、失敗からのダメージを最小限に抑えることができるわけだ。

災い・過ち・失敗・思い違いなどが全くない人はいない。大事なのは、起こった時にどう対処するかだ。これが、あるところまで現象をみて天意をくみ取れ始めてきた人の、陥りやすいポイントなのである。

反省と切り捨て、この二つが基本スタンスである。それによって、神様のお知らせを、いい具合にぱっとキャッチできるコツが摑めるのである。

そのように、天の意と現象を意識して、しかし意識し過ぎないでいくのが一番正しい方法。また、そうでなければ、人間が消極的になり、器が小さくなってしまうのだ。つまり、少しでも危ないと思うことはしないから失敗はないが、そのかわり大きな事もたいした事もできない小さな人間に、なり下がってしまうからである。

やはり、どんどんチャレンジして経験を積むことの方が、百倍も大切なことである。失敗しても何があっても、なお前向きに立ち向かって行く人間の方が神意に叶う。それが、やがて人生の達人になれる生き方なのである。

人に裏切られたときにどうすればいいか

「うまい話に落とし穴があるように、最良の人には大きな欠陥もある。それを承知で人とつき合え」

ある独身の中年の男性が相談にこられた時に、その方の守護霊メッセージは、このように伝えている。

世の中には、完璧な話なんていうものはない。「ない」と考えて行動することが大切である。あまり出来過ぎた話だったら、どこかに必ず、何かの落とし穴がある。

そう思って、うまい話が持ち込まれてもすぐに飛びつかず、用心し見極める必要がある。恋愛にしても、最良の人だと思っていても、客観的によく見てみると何かしら欠陥や問題がある。外見をさっと見た印象だけで惚れ込んでしまい、後でがっかりすることは実に多い。信じ込んで傷ついたこの人は、人が良すぎたといえる。

世の中の現実はそういうものだから、何時でもそのつもりで人を見ていく必要があるのである。これなら何かあっても、

「そうでしょうね。そういう欠陥がなければ……普通、何かありますよね」

と済ますことができる。

過度に期待し、大きな夢を描いてしまったら、裏切られた時は本当にがっかりしてしまう。そういうことのないように気を付けることだ。疑えというのではなく、都合の良いように過度な期待をかけたり、盲目的に信じこんだりしないようにということである。世の中のガッカリしたという話の多くは、ほとんどが期待がハズれたということである。だから、期待できるかどうかもあいまいなものに、期待しすぎるのはやめるべきだ。

そうすると、人間関係――異性でも、同性でも、友だちでも――仕事や神様事であっても、何でもそうだが、いちいち一喜一憂したり、傷ついたり、がっくりすることがない。それはものの見方が大人になるということだ。

少年のようなロマンは、別なところで持てばいい。人間に対する期待感が強いというのは、人間というものをよく理解していないだけなのだ。理解力の差とい

えよう。ここは大人にならなければいけないところで、少年のままでいいのは、創作とか、未来への夢とか、自分への可能性などの限られた分野でのことだ。ただし、これらの分野においても、ある程度今述べたことを踏まえた上で〝期待〟を持つべきである。

これが守護霊のメッセージから学ぶ「大人になれよ」ということだ。そうすると、つまらないことで傷つかなくなるのである。

芸術は神に通ずる

作品には人生の全てが入っている

水墨画には、心性＝心と内面がそのまま出てくる。それこそ、点が一つあるなしでガラリと変ってしまう。点一つで感動することがある。

私の好きな人物に、頭山満《とうやまみつる》さんの息子さんで頭山立助さんという人がいる。

この人は本当に「無為《むい》にして化《か》す」人物で、会っただけで他の人が変わってしまうという。大森曹玄《おおもりそうげん》氏が一番尊敬していた人物といわれている。ところが、頭山立助さんは無学文盲。学校での成績はびりだったらしい。

書いた字が額縁に入れられて残っているが、ちょろちょろと、ミミズが這ったような字である。

ところが、Yさんという、書いた人の気持ちや、本物か偽物か、どんな性質かといったことが、文字の形ではなく墨気＝墨の気で全部分かってしまうという人物が、頭山立助さんの書を見た瞬間に、もう身じろぎすることもできなかったという。

「日本でこれだけの書を書く人がいたんだなあ」

ということを一言漏らしたらしい。

頭山満さんも、何か大事な時には、息子の立助さんに全部相談をしていたらしいが、ある時、大森曹玄さんが剣道の会を始めようとした時に、頭山満翁に会長をお願いしに行った。

「頭山先生、ぜひ私たちの会の会長になってください。頭山先生がいらっしゃるだけで会は全部うまくいくんです。何にもなさらなくて結構ですから」

ところが、頭山満翁は即座に、

「あ、それだったらわしよりも、息子の立助がよかろう」

「しかし、立助さんは結核で、もう二年ほど病気で寝ておられます」

「体は病んでおるけれども、心は病んでおらんゾ」

頭山先生のその一言で、大森曹玄さんは了解し、立助さんが入院している病院に、挨拶とお願いにいった。

立助さんは病弱で小中学校を全部欠席して、病院で寝たっきりだった。結核で回復する見込みもない。それでも、大森曹玄さんは、頭山先生がおっしゃることだからと素直に従った。頭山立助という人は、布団に寝たきりで、ぼーっとしている人だったらしい。

「頭山先生の仰せで、ぜひ私の会の会長になっていただきたいと思いまして、今日は慎んでお願いに参りました」

「はあ、引き受けました」

と、たったこれだけ。

「こういう会を運営しようと思いますので、一つよろしくお願いいたします」

「ああ、分かりました。頑張ってください」

たったこれだけのやり取り。で、大森曹玄さんは、

「どうもありがとうございました」

という言葉を残して帰った。

ところが、その後から体中にやる気がうわーっと満ちてきて、二週間というもの、頭山立助さんの側にいるだけで、喜びと躍動感と自信と英気がみなぎってきたという。

何と素晴らしい感化力であろうか。まさに「無為にして化す」ではないか。

人への感化力でみる、人物レベル「上」「中」「下」の見抜き方

人を知るのには次に紹介する三つのレベルがある。

「下」は「ティーチ、教え」――これはこうだと事細かく教えることで相手を指導する方法。これは最低レベルである。

次の「中」は「不言実行」――これは、黙々と生きている生きざま・人生、息

吹というのを背中で感じさせること。「私もああでなければいけない。あの人に見習おう」と感化する。人が目標にするような生き方の見本を見せ、相手を自然のうちに良くしている、というもの。それが本当の教えだ。

さらに「上」である第一等の教えは、「無為にして化す」――何にもしない。だが会ってニコニコとお話しするだけで、ヤル気や、勇気、いろいろな答えを自分で出せるようになる、という最上の感化法である。頭山立助さんは、そういう人だった。最高の教えとは、無為にして化すことなのだ。何にもしないで相手を変えることができるのである。

後にこういうことがあったという。何か困った問題が起こり、大森曹玄さんは病院の頭山立助さんを訪ねた。

「今こういう状態でございます。どのようにすればいいでしょうか」

と、教えを乞うた。

「頑張ってください。大変ですね」

返ってきたのはそれだけ。答えはない。ところが、大森曹玄さんが、

「分かりました。ありがとうございました」

とお礼を述べた瞬間、わっと湧き上がるような感じで自ずから答えが分かった。自分で答えを見つけることができた。そして、また二週間やる気に満ちたという。こういう素晴らしい人が、実際にいたわけだ。

その頭山立助さんが書いた字というのが、まさにミミズの這うような字であるが、大森曹玄さんは常々、

「私の生涯を通じての師匠は、花園大学で教えていただいた先代のお師匠さんと、頭山立助さんである。このお二人だけが『無為にして化す』本当の師匠であった」

と述べている。花園大学というのは、臨済宗妙心寺派の学校のことである。

頭山立助さんはまさに「無為にして化す」人であった。その人が書いた本当にミミズが這ったような字を、大森曹玄さんは家宝として大事にし、拝んでおられたという。

うわべの技術ではなく、「気」を見て真価を測れ

書道では「気韻生動《きいんせいどう》」を重視する。書いている人の気と余韻の部分が生きて動いている。そういう書を第一とする。書の真髄は「気韻生動」である。

私は書道ができる人を偉いと思っている。書芸術など魂を錬磨していく道というのは、本当に素晴らしい。

中国の宋の時代に周濂渓《しゅうれんけい》、程明道《ていめいどう》、程伊川《ていいせん》、張横渠《ちょうおうきよ》などの錚々《そうそう》たる学者たちがいて学問が盛んに行なわれた。これを宋学といい、朱熹《しゅき》の唱えた朱子学などもこの宋学に含まれる。程明道、程伊川の兄弟が易学、大学、中庸の解説で大変大きな功績を残しているわけだが、この伊川先生、明道先生は毎日書を書いていた。

ある人に、

「明道先生、書を毎日書いておられますけれども、どういうお気持ちで書いているんですか」

と尋ねられて、

「私は道のために書いているんだ」

と答えておられる。

毎日書を書くのは、己の修養の為にやっているのだ。うまく書こうなんて思ったことはない。自分自身の為である、と。

儒教は聖人に至る道、道教は無為自然の道

ところで儒教の道というのは、聖人に至る道であり、その為の修養を説いている。これは朱子学や宋学なども同じだ。孔子のいう聖人を人間の究極の理想像としてとらえ、それに至る方法を述べた学問である。

中国の思想には、もう一つ、儒教の他に道教の流れがある。これは老子・荘子に代表されることから「老荘思想」と呼ばれているが、無為自然に価値を置き、それを会得することが聖人への道だと説く。茶道・華道・剣道・柔道など、日本では芸事に「道」をつけるのは、この道教の影響を受けているからで、この場合の道とは「心」ということである。これは仏教でいう「心の道」と同じものだ。

儒教のいう道は聖人への道。道教の道は悠久な宇宙や天地の根源的な法則を解明し、その中で生きる人間の生きざまを指す。だから、先ほどの程明道の答えは、「私は聖人に至る道の一つとして書道をやっております」

という意味なのだ。

このように、書芸術と書画で己の魂を完成させるべく修業を積んでいる人もいる。こういう修業目標もあるのだ。生涯をその道にかけて没入し、精進していらっしゃる方は、本当に尊敬に値する。

菩薩と如来、そして神

「心の道を極め、心が極まる」ことを菩薩という。

菩薩というのは、心が極まった境地を指す。だから、菩薩のような人というのは、そういう境涯、そういう気持ちで一生涯生きている人のことである。そして、その菩薩の境地が全く揺るぎない、いかなることがあってもその境地が揺らがない状態を、如来という。

法華経では、如来の位に立って様々な説法がなされている。その法華経の如来が如来寿量品で、如来の位から人に方便の道を説いている。当然、自分がぐらぐらしていたのでは人に説法などできない。だから、如来というのは悟った位、域ということになる。

如来が定まると、その上に神様がいらっしゃる。

明治天皇は、その典型的な方だ。本当に内面が神様のような方で、その方が歌う歌はまさに神様が詠まれた歌そのものである。その方が描いた絵は神様が描いた絵ということになる。

その上にいくと、もう心の念や思いを超えて、その人の霊体・魂の輝きそのものが神なるものとなる。だから、心のままを芸術の作品などに普通に描いている時に、そのまま神気が宿っている。そして、それがご神体になったりするわけだ。

つまり、心の道を極めたら気の世界になる。墨気、墨の気でその天地、宇宙、その人の生命と宇宙、森羅万象全てを物語るような気をもって描けば、まさに神品、神の作品とも言えるものができるのだ。

心の道というのは、そういう四次元の悟りの世界の道である。菩薩から如来に上がり、如来から神に上がって神人合一する。肉体は人間だが、中は神様となっている、そういう方の言葉や書は、芸術を乗り越えた神品なのだ。ご神体のようなものなのだ。世界の歴史、日本の歴史には、そういう人がいるのである。

私も、読んで感激するだけの本ではいけないと思う。触っただけで病気が治るような本だとか、日々の修業が活字の中に自ずから現われて、表紙から始まって一ページ、二ページ触っただけで、涙が出て、たたりの霊も改心し、その後にいい事が次々起こるという、そういう本を書くのが目標である。

本に触ったらそこから神気があふれて、その気によって胸を打たれる。それは神社などと同じだ。神気があふれて魂が洗い流される……。

そういう、さらなる上の世界にいかなければならない。それが私たちの目指す究極の道であると思う。

カルマはこう乗り越える！

人生の目的は境涯を高め、徳を積むことにある

Aさんは書の大家である。

ある日、相談にいらっしゃった。それで——

「Aさん」といった瞬間に、Aさんの守護霊が勝手にこっちに来てしまった。そして、私に次のようなメッセージを「A」に伝えてほしいと言ってきた。

「あなたは、もう少し境涯を高めなければと思って、ここにきたはずだ。答えは、そのためには身を清浄にしていくこと。もう一つ。人に対して徳を積むこと。徳を積むというのは、本当に人を幸せにすることである」と。

これを少し解説すれば、徳を積むには体施《たいせ》、物施《ぶつせ》、法施《ほつせ》があり、それぞれ体によるご奉仕(体施)、物やお金で人を幸せにするご奉仕(物施)、そして法を説くことによるご奉仕(法施)がある。Aさんの場合は法施であろうと思う。

大勢の方に、素質のある人が人の道を説くことによって、人が感激し、「精進努力しよう」「求道心を持っていこう」という気持ちになっていく。そして、幸せになる。そして、その徳分が、今度は自らを清浄にしていくわけだ。

身を清浄にすることと、人に対して徳を積むこと。この二つを行なうことで、さらに上の世界への道が開ける。だから、その身を清浄にして徳積みをしていく。その根源になるのは、本当に清らかで涼しげな愛でしかない。

最高級の世界は、これだ！

私は、刀の鑑定士と、よく「どういう刀が本当の名刀か」という話をする。

正宗や安綱など、世にはいろいろ名刀と呼ばれる刀があって、中には国宝に指定されているものもある。しかし、国宝だから名刀だとは限らない。何を名刀と条件づけているかというと、「暖潤味」である。暖潤味のある刀が名刀の条件なのだ。

つまり、刀には、その刀を打った人の境地が全部出ている。名刀といわれるのは、触ると暖かくて潤いのある感じが伝わってくるもの。それが名刀で、持ったら身が引き締まったとか、あるいは、清らかであるとかは問題ではない。

清浄で徳を積んでいる根源には、広くておおらかな愛が、自分の中に自ずからにじみ出てくる。それが神魂であり、神様なのである。

道の奥には何があるか⁉——それは愛と歓喜だ

修業者はよく、「道を極めよう」という。だが、その「道」というのがくせ者である。道はどこまでいっても道なのだ。道路は全部つながっていて、どこまでいっても道がある。どこで道が終わるのか？

あれだけの歴史と伝統のある中国では、道を説いている。だが、道の路上には真髄はない。では、どこに真髄があるのか？　それは道の奥にあるのである。では、道の奥には何があるか？　それは愛と歓喜なのだ。

そこには、道を極めようという気持ちもないし、求道しようという心もない。ただもう、本当に澄み切った愛情と、愛情に満たされた歓喜がある。全てが無為に化しているのである。

先ほど述べた頭山立助さんがそうだったように、「無為に化す」人物というのは、その人といるだけで幸せで、悪が善に変わっていく。そういう気持ちが自然に湧いてきて、魂が洗われる。その人自身は別に道を説くわけでもなく、頑張ろうなんてこともいわない。ただ会ってにこにこしているだけ。それで人を変えてしまう。無為にして化す。すなわち、道を超えた人である。

道は到達することがない。道の到達点というものはない。ここに、書道、芸術でも武術でも、求道者にとっての落とし穴がある。どこまでも道を求め続けていくのだが、その先には終極はないのである。

神道では、道など説かない。今が幸せで、喜びだったらいい。毎日、そうして生きている人間は、本当の意味で達人であろう。そこまではなかなか難しいが、それをすぱっとふっ切れば、話をしても、点を書いても、墨をすっていても、顔を見たら、愛と歓喜と喜びに満ちてくるということになる。それは本当に神がかりした人である。

そういう方は明治天皇ほか、過去に何人かいる。その方々は肉体がなくなると神様の世界に行く。そういう人を神上がりした人というわけだ。『神霊界』（深見東州著／たちばな出版刊）という本にも少し触れたが、菅原道真公やお釈迦様もそうだった。

神がかりする時には、己の修養を乗り越えて、本当に神に目覚めて、神様から引っ張ってもらうと同時に、自分の中がぱーっと割れるのである。たとえていえば、雛鳥が卵の内部から殻をコッコッと叩く。同時に、外からも親鳥が同じ点を叩く、そうして見事に殻を割る。そういう一瞬のタイミングというのがあるわけだ。Aさんは今、その時をひたすら待っている状態かも知れない。

Aさんの守護霊が言いたいのは、そういうことなのだろう。

前世で撒いた種は、今世必ず報いを受ける

Aさんの前世は、天保の改革をした人だった。

なかなかすごい方である。改革を断行するために、人を処罰して牢屋に入れたり、いろいろと、かなり無理な改革を行なった。それで今世は、脳血栓《のうけっせん》のような病気を得て、ハンディキャップを背負わなければならなかった（Aさんは脳血栓の為、きき腕の右手が不自由になり、左手で書を書くようになられてから、以前にもまして世界的に有名になられた書道の大家である）。

前世では「よかれ」と思って天保の改革に取り組んだわけだが、「絶対こうだ」

と思ったことは断じて行なう。そういうタイプの人だった。だから、信じた道をつき進んだ。人が何を言おうと、絶対に自分の信念を曲げない。権威にも屈しない。そういう人だったわけだ。

権力に負けるものかと思って、全知全能を振り絞るという感じだ。そして改革をした時に、無理に処分をしたり、贅沢を禁止した。確かに天保の改革は、庶民の贅沢を禁止するなど、あらゆるところを改革しようとした。ライバルを政治的に失脚させたりもした。派閥闘争も起こり、闘争の中である程度悶々とする。そういうことが前世であったのだ、当然、今世は因果応報というわけで、前世、人にした事が自らに返ってくる。だから嫉妬や妬みを受けられたことだろう。会社の中でも書道の世界でも、そういうことがあるのはまぬがれない。

「Aさん、今日までいかがでしたか?」

「はい、いろいろありました」

やはり、いろいろご苦労があったようである。前世ではその渦中にあって、絶えず「負けるものか」と思い、自分が信じる改革を断行した。その時に、確かに、江戸庶民の生活は良くなったわけだが、反面、やはり人を苦しめている。反対

者・違反者をどんどん牢屋に入れたりしているわけだ。このために、どうしても
Aさんは自分自身の魂が牢屋に入れられるような境地、境涯、人生になってしま
うのは避けられない。やはり因果応報だ。
その一つがこの病気。天が与えたハンディキャップなのである。前世に本人が
種撒きをしたことだから、刈り取らなくてはならない。

ハンディキャップのある人の方が、修業が進む

しかし、カルマで腕がどうなった、とか、動く動かないではなく、要は、天が
与えたハンディをどのように受け取り、魂と己を完成させていく道に変えていく
か、これが大切なのである。
前世に大したことをやっていない人間は、そういう悪因縁がないから、ハンデ
ィキャップもない代わりに、現世でも大したことができない。
逆にいえば、ハンディキャップが多い人は、それをバネとして、もっと大きな
功《いさおし》を世の中に残していける可能性がある人、ということだ。だから、ハンディ

をバネに己を立派に磨く。そういう人のほうが、ドラマと値打ちのある人生を送れるはずだ。

因縁因果の法則とは、どんなにいいことを行ない、善徳を積んだとしても、前世で人を苦しめた分だけは、やはり背負わなければならない。

そういう因縁の先祖がいる家系に生まれ、そういう境遇におかれる。人生にそのような傾向があるわけだ。その傾向というのはカルマであり、業である。このカルマがあるからこそ、争いの渦中に巻き込まれたり、そのような病気を得てしまう。それをバネに頑張るのだが、一番大切なのは、置かれている境涯をどう受けとめていくかなのである。

その意味で、「只今」の生き方が勝負だ。そのカルマを善に変えるか、単にハンディキャップがあって大変だ、で終わってしまうか。それは「只今」が分かれ目にある。

求道心というもの、あるいは信仰心という道で考えれば、ハンディキャップと苦しみは多ければ多いほど進歩する。そういう生き方に徹底したら、全部が吉に変わる。しかし、日常の幸せと平安な人生を送りたいというだけの人から見れば、ハンディキャップは悲しみと悲劇の材料でしかなくなる。そこが違う。だから、吉にするか凶にするかは、本人の只今生きている人生のとらえ方、価値観次第というわけだ。

優秀な人物は因縁に立ち向かう!

カルマについて、禅宗では「不昧《ふまい》因果」という。「因果を味《くら》まさず」という意味の、私の好きな言葉だ。すなわち、人生を悟った人間は、因果や前世の因縁やカルマ、また家代々の祖先などに一切心を味《くら》まされない。只今、只今を充実して、精いっぱい平常心と安心立命の中に生きている。

そしてさらに、本当の悟りを得た人間というのは、甘んじてカルマを受けて立つ。因縁に負けないように、かえって自分のほうからそれに立ち向かっていく。そこには、因縁をあえて受けようという心の余裕があるわけだ。

この、因果を味まさずとは、善因善果、悪因悪果から逃れてしまうという意味ではなく、因果を受けても影響されない境地、境涯を持って生きているということなのだ。そうしながら、甘んじて、不幸のカルマでも受けて、余裕で生きていこうということである。

この不昧因果という言葉は、本当に素晴らしい言葉だ。

どんなに徳を積んでも、この何百年、何千年の間に積んできた自らの業は、その分苦しんで返すしかない。ならば因果に冷静に立ち向かいながら、それをいいほうに変えていくバネ、糧にしていくのがベストの生き方である。

私もそうである。どんなに神様の道に生きても、どんなに徳を積んでも、厳然とした天地の法則がある、さまざまな葛藤はあるけれども、それから逃げないようにしている。

善、そして時には悪も行なえる、世を救う大物となれ！

話を元に戻して、Aさんの前世の水野《みずの》忠邦《ただくに》という人、恐らく書道にも通じていたのではないかと思う。ところで、ある時代にある人物が登場するというのは、歴史やその時代のニーズがあるからだが、水野忠邦（Aさんの前世）を、過去神通（その人の過去を知る神通力）でさらにさかのぼって見てみると、平安時代にも一度生まれている。

平安時代では一風変わった人だった。日本流のとても優しい女性的な書を書いておられたが、それが何回か生まれ変わって水野忠邦になった。はっきりいえば、水野忠邦の死後は地獄界で、そこに五十年から六十年ぐらいいた。それが、地獄界の刑期が終了したことで、今のAさんに生まれ変わったのである。

御魂《みたま》は清くて汚れのないのが最良ではない

ところで『神界からの神通力』（深見東州著／たちばな出版刊）にも書いたが、霊層が高ければいいというものではない。清らかで純粋で本当に汚れのないシスターのような人が霊界に帰ったら、確かに本人は幸せかもしれない。しかし、この世の中をどのように良くしようかと神様が考えておられる時に、清らかで純粋で、シスターを何回もやっていた人が守護霊になったとしたらどうだろう。確かに神様のメッセージは伝えられるのだが、荒い波動の現実界に生きる「人間」の教育係である守護霊としては、やはりパワーが弱い。

戦国時代のように、大きな時代の転換期で大きな力を発揮した人は、やはり善悪さまざまなことを、生前に経験した霊が守護霊として働いていた。それだけのパワーで世を変えていかなければ、世の中が良くならないからである。それが、先程少し触れた、時代のニーズというものだ。

現世での書道の世界もそうだが、そういう使命がある人というのは、神様にあえて戦国時代だとか、徳川幕府が衰退に向かう時期に生まれさせられる。そして、周囲の環境から、老中にならざるを得ない状況にやられるわけだ。そして、その道（宿命）を送るために、あえて道を開いていく。つまり、逃げられないその人生を、突き進んでいくのである。

土砂降りの中を行こうと思ったら、少々泥を被っても仕方がない。戦国時代なら人殺しもやむを得ないと、あえて罪と知っていながら断行するわけだ。

老子には、

「天地に仁なし、万物をもって芻狗《すうく》となす。君子に仁なし、百姓をもって芻狗となす」

という言葉がある。

これは、「天地自然には仁や思いやりなどはない。だから、万人を、わら人形のように扱うのだ」と解釈する。

これに関連して、例えばヒットラーは、

「国民の半分の意見を満足させるためには、残り半分の意見を無視すればいい」

と述べているが、為政者が何らかの改革を断行するには、強権を降りかざして万民に当たるケースが多い。それによって意見を封じ込め、反対する者や違反者をまるでわら人形のように首を切り落とし、投獄したり島流しにする。そういう強権発動は、当時の為政者にとっては必要悪と考えられた。天地の仁ということを考えれば、仕方がないと。

前世のAさんは、そういう道をあえて取った。それが今世に返ってきている（だから苦しみのある人生である）のだが、その時代にはそうすることが一番大善であったのだ。

これをもし、小さな善にこだわっていたなら、世を救い、国を救うなどの大善はまず積めなかったのである。だから、よき御魂はカルマを積むことも、時にはさせられるということを知らねばならない。

永遠に失われない三つの宝物

人間の才能とは、前世に努力し苦労して頑張ったものが身についているものである。とりわけ、学問と信仰心と芸術、この三つが前世から今世へと持ち続けることができるものである。これは私の『神社で奇跡の開運』（深見東州著／たちばな出版刊）にも書いたが――。

学問というのは魂で吸収するもの。それは咀嚼力そのものであり、理解力そのものであり、ものごとの考え方である。結局は魂で受けとる力だと言える。

信仰心は、神仏に向かう心はもちろん、何事も貫き通して成し遂げる、精神力のことである。

芸術とは、魂を磨いて魂で表現するもの。絵でも音楽でも、芸術は全てが魂の糧になっているのだ。この学問・信仰・芸術は、やればやるほど魂の糧となり、霊界に帰っても（死んでも）続けていける。

故にこの三つは魂の奥深く刻み込まれ、永遠に自分の御魂の能力となるのである。

だから、今世にその三つを十二分に磨いていたら、来世に生まれ変わった時には、生まれながらにして頭がいい、理解力がある、信仰心がある、音感がいい、書道の手の筋がいい、色彩感覚がいいなど、こうした才能というのは、本人が前世で磨いた宝物だから、生まれ変わっても残っているわけだ。

人間としての有効な人生を考えるなら、どんな仕事も学問的に考え、どんな仕事も信仰の糧として考え、どんな仕事も芸術の糧として考えていく。そういう人生が一番ムダがない。死ぬ当日までこういう生き方をしていたら、霊界に持っていけるし、来世にも持っていくことができるので、ムダがない。宝物が逃げない生き方であると、私は考えている。

六十一歳で霊層が定まる

Aさんは、今世にそういうものを全部持ってこられて、それが今、開花した。

自分の魂の完成時期に花が開いたわけだ。六十一年で一つの干支が循環するが、この還暦が過ぎると、大体霊界では来世のことが一応決まっている。

天眼で見るところでは、Aさんは来世では、農作物をいかに作るかという先端技術者になっていらっしゃる。農作物がどうすれば有効にできるのか、その技術者になって生まれてくるはずだ。

今、書の先生をやっているが、それは残りの人生の何年かで終えて、来世は別なテーマをやることになる。そして、今世書を極めた分、来世は技術者でありながら、また素晴らしい書家でもある、生まれながらの「天才」といわれるような人になる。天才というのは、全部そういう前世の努力がなければ生まれてこないわけだ。

もしもハンディキャップを負っている方は、ここで述べたように受け取っていただきたい。死んだら霊界があって、そして来世がある。だから、死ぬ当日まで、魂をますます磨いて前世と前々世の功徳を開花させ、来世の貯金づくりをする、というのが、残された人生を過ごす最高の生き方なのである。

本物となれ

第7章

一流人の共通点

「やってもやっても、やり足らぬ。それで一流の仕事ができる人となるなり」

人間誰しも、「こんなものでいいや」では終わりである。映画の黒澤明監督は、九十歳近くなっても作品を撮っていた。

「よくそれだけの作品に取り組む気力、元気が続きますね」

と聞いたら、

「やってもやってもやり足らないと思うからやるんだ」

と答えてくれた。

これは、仕事でも神様事でも何でも、一流の人は皆、同じだ。まだ足りない、まだまだ足りないと向かっていく。だから、一流の仕事がやれるのだ。また、一流の仕事をやっているから、当然に高い評価を受ける。いい意味での循環ができているわけだ。

親よりもはるかに素晴らしき存在、守護霊に目をやろう！

親子は旅の道連れ。兄弟、夫婦も同じだ

親、兄弟というのは、肉体を持って今世生まれてきた旅の道連れである。助さん、格さん、風車の弥七のような間柄だ。要するに、親子というのは、旅をしている道連れなのだ。

前世、兄弟だった人が親子になったり、親子だったのが兄弟になったりしている。また、かたき同士だったのが親子になったりもする。前世からのカルマや、親兄弟・夫婦の縁というものは、そのように絶えず変化しながらからみ合っている。

また、夫婦というのは、前世に親子、兄弟、夫婦だった者同士がなることがほとんどである。

ところで、「父親」といえば、今世的な目で見たら親子の関係なのだろうが、もっと長い目で見れば、たまたま父親という名の役割で来た人にすぎない。人生

の修業、旅に共に生まれ来た人なのだ。前世はあなたの子や孫だったのかも知れない。

親に「勉強しろ、勉強しろ」と言われて苦しい人は、前世、逆にあなたの方が親で、子（今はあなたの親になっている）にさんざん「勉強しろ！」と言っていたのかも知れない。

小さな家族意識は捨てよう！

そうやって人生の本質に目をやると、親のことで苦しんでいる人は、必要以上に、父母、兄弟という現世での関係を、大きな存在に考え過ぎていることに気が付くだろう。

もしも、自分の人生というものをいかに向上させ、いかに自分が幸せになり、世の中にも寄与するか。そういう広い心をもっと徹底して持てば、小さな家族などという、数人の人間関係の間のお父さんやお母さんのことなどで心を悩ませたり、悲しんだりすることはなくなるだろう。

前世、家族だったからには、やはりお互いに苦しめたり苦しめられたり、愛したり愛されたり、助けたり助けられたりと、さまざまのカルマを作っているだろう。

それを表面的には全て忘れてしまっているが、潜在意識はみな記憶している。人間というのは、前世に経験したことを、何かのとき「ふっ」と思い出すのだ。そこで、前世からの強い縁で結ばれている「家族」と一緒にいると、その前世の記憶が出てきやすい。記憶だけでなく、前世での性格や好み、すなわち嫌なことは嫌、好きなことは好きという、感情の中に潜む因縁が出やすくなってしまうのだ。

だから、前世のカルマを感じないようにするには、家族という意識を最小限にとどめることである。

そのように、何があっても動揺したり、感情的にならない強い精神性というものを持って人生を送っていけば、きっと素晴らしい人生がひらけることだろう。そうしていると、素晴らしい結婚相手も出てくるだろう。逆に、そういう気持ちを持たず、目の前に起こることでいちいち感情を取り乱していたら、どんどん、本来持っていた（眠っていた）家代々のカルマの渦にまき込まれて、魂のレベルも下がってしまうことになる。

目前のことを達観し、家代々のいい因縁を引き出せ！

ところで人は、父、母、両方のカルマを持っているし、家代々のカルマも持っている。しかし、家代々の因縁とは悪い因縁ばかりではない、いい因縁もある。悪い因縁を受けないで、いい因縁を引き出せるかどうかは、目前のことを達観して、いちいちとらわれないようにする本人の努力次第なのである。決して親の問題ではない。

また、仮に親が亡くなっても、過度に悲しみすぎないことである。あまりに悲しんで亡き人を思い続けることは、その死んだ親の霊を現世に呼び戻し、霊界修業を妨げることにもなるからだ。長い旅の道連れだったから情も強く持っているのは当然だが、来世、また会える。

立派さからいえば、親よりも守護霊さんのほうが立派だ。人が死ねば、誰でも守護霊になれるというものではない。レコード大賞にノミネートされるような感じであると思えばいい。

レコード大賞というのは、何枚レコードを売ったという実績がなければノミネートされない。守護霊にノミネートされているという人は、それだけ生前に徳を積んでいる。そして、霊界でかなりの修業をした人だから、必ず、親よりは立派だ。情緒も安定している。だから、親が亡くなった場合には、守護霊を親のつもりで、心の支えにして生きていけばいいのだ。

親以上に守護霊に情を向ければ、守護霊は親以上に、あなたを守護してくれることは間違いない。この法則をしっかり知っていれば、常にあなたは強い守護を受けられる人となる。これもいい因縁につながる、ということなのである。

武者修業と霊能力

先日、二十歳の男性から次のような質問を受けた。

「私は、以前空手をやっていました。その流派はやや霊的、いいかえれば超能力的な技を多少取り込もうとする流派でした。三休禅師のお話によりますと、邪霊にとりつかれる危険性があるので、やめたほうがよい、ということになると思いますが、やはりそういう傾向のあることは避けたほうが賢明でしょうか」

武術修業についての質問がいくつか来ている。それについても答えておいたほうがいいと思うのでここで取り上げることにする。

結論からいって、やはりそれは避けたほうがいい。名前はいわないが、空手や武術にはいろいろな流派があって、中には霊的な色合を強く打ち出しているものもある。そのほとんどが、やっている人に天狗がついている。ただし、本当に謙虚で穏やかで柔らかくて柔軟な武術家、例えば、植芝盛平《うえしばもりへい》氏などの場合は、どちらかというと正神界の龍神系の神霊に守護されている。

要するに、霊的な色彩の強い武術家のほとんどには、天狗がついていて、武術からそのうち病気治し的な色彩をおびてくる。たしかに武道では、「おれは強いんだ」という心も必要だろう。しかし武の心というのは、荒魂《あらみたま》を刺激していいのだが、ほとんどの場合、自分をあまりに鍛練し過ぎる。日常生活や現界を超えてやり過ぎるのだ。

「心外悟道なし」——心の外に悟りの道なしという。心の苦労、人間生活の中の苦労、葛藤というのは、己の精神を刺激し鍛える効果がある。武術もその一つの媒介となる。

しかし、あまりに武術の鍛錬をし過ぎると、その鍛錬というのは、行者的なものになり、天狗がつくことになる。したがって、そういう人の武術の技というのも、ほとんど天狗が与える霊能力なのだ。技がすごい神通力を発揮するものであればあるほど、すごい天狗がついている。結果的に、どうしても我が強くなり過ぎて、人間社会に適合できなくなる。武術家を見ていると、ほとんどがその弊害に陥っているような気がしてならない。

普通人の行う武術は、あくまでも日常生活にプラスになるための武術であり、鍛練でなければならない。そのように規律しなければ生活に活きない。だから、霊的だったり、超能力を取り入れたりしている武道ならやめたほうがよい。私はそのように考えている。

深見東州氏の活動についてのお問い合わせは、下記までお願いいたします。
また、無料パンフレット（郵送料も無料）が請求できます。ご利用ください。

お問い合わせ　フリーダイヤル
0120 - 507 - 837

◎ワールドメイト

東京本部	TEL	03-3247-6781
関西本部	TEL	0797-31-5662
札幌	TEL	011-864-9522
仙台	TEL	022-722-8671
東京（新宿）	TEL	03-5321-6861
名古屋	TEL	052-973-9078
岐阜	TEL	058-212-3061
大阪（心斎橋）	TEL	06-6241-8113
大阪（森の宮）	TEL	06-6966-9818
高松	TEL	087-831-4131
福岡	TEL	092-474-0208

◎ホームページ
https://www.worldmate.or.jp

深見東州
(ふかみ とうしゅう)
プロフィール

本名、半田晴久。別名 戸渡阿見《ととあみ》。1951年に、甲子園球場近くで生まれる。

著作は、186万部を突破した『強運』をはじめ、ビジネス書や画集、文芸書やネアカ・スピリチュアル本を含め、300冊を越える。CDは111本、DVDは54本、書画は3417点。テレビやラジオの、コメンテーターとしても知られる。

その他、スポーツ、芸術、福祉、宗教、文芸、経営、教育、サミット開催など、活動は多岐にわたる。それで、「現代のルネッサンスマン」と呼ばれる。しかし、これらの活動目的は、「人々を幸せにし、より良くし、社会をより良くする」ことである。それ以外になく、それを死ぬまで続けるだけである。

海外では、「相撲以外は何でもできる日本人」と、紹介される事がある。しかし、本人は「明るく、楽しく、面白い日本人」でいいと思っている。

(2021年2月現在)

解決策

平成二十五年 九 月十四日 初版第一刷発行
令 和 三 年 七 月 五 日 初版第四刷発行

著 者 三休禅師
発行人 杉田百帆
発行所 株式会社 たちばな出版
〒167-0053
東京都杉並区西荻南二丁目二〇番九号
たちばな出版ビル
電話 〇三-五九四一-二三四一(代)
FAX 〇三-五九四一-二三四八
ホームページ https://www.tachibana-inc.co.jp/

印刷・製本 萩原印刷株式会社

ISBN978-4-8133-2482-9

◆悪霊を祓う方法を詳しく伝授。

悪霊おだまり！

美川献花（又の名を深見東州）

悪霊にまけちゃだめ！　悪霊の手口を知って、悪霊を追い払う極意がすべてわかる。

定価（本体809円＋税）

◆フランスと関係ない恋愛論を詳しく伝授。

パリ・コレクション

ピエール・ブツダン（又の名を深見東州）

恋はこんなに素敵なもの、モテなかったあなたが、恋愛も結婚も自由自在に。

定価（本体809円＋税）

◆あなたの悩みを一刀両断に断ち切る！

解決策

三休禅師（又の名を深見東州）

一休禅師の三倍面白い三休禅師の、胸のすく答え満載。瞬間に悩みが消える。

定価（本体809円＋税）

◆果たして、死ぬ十五分前にこの本が読めるかどうか…。

〈カラー版〉深見東州の絵49選掲載。

死ぬ十五分前に読む本

深見東州

死の不安が消えて安らかに眠れる、大往生の名言集。これを読まずに死ねるか！

定価（本体1000円＋税）

●28万部突破。守護霊を味方にすれば、爆発的に運がひらける！
大創運
深見東州

神霊界の法則を知れば、あなたも自分で運を創ることができる。項目別テクニックで幸せをつかむ。

●45万部突破。瞬間に開運できる！　運勢が変わる！
大除霊
深見東州

まったく新しい運命強化法！　マイナス霊をとりはらえば、あしたからラッキーの連続！

●60万部突破。あなたを強運にする！　良縁を呼び込む！
恋の守護霊
深見東州

恋愛運、結婚運、家庭運が、爆発的に開ける！「恋したい人」に贈る一冊。

●44万部突破。史上最強の運命術
絶対運
深見東州

他力と自力をどう融合させるか、究極の強運を獲得する方法を詳しく説いた、運命術の最高峰！

●45万部突破。必ず願いがかなう神社参りの極意
神社で奇跡の開運
深見東州

あらゆる願いごとは、この神社でかなう！　神だのみの秘伝満載！　神社和歌、開運守護絵馬付き。

●スーパー開運シリーズ　新装版
運命とは、変えられるものです！
深見東州

運命の本質とメカニズムを明らかにし、ゆきづまっているあなたを急速な開運に導く！

売れ行き好評発売中

具体的に、会社を黒字にする本
倒産知らずの実践的経営法を、あますことなく大公開

これが経営者の根性の出し方です
行き詰まっても、必ず打開する方法はある！

入門　成功する中小企業の経営
10ページ読んでも売上が上がる本

経営者は人たらしの秀吉のように！
上司、部下、お客様―仕事関係がうまくいくコミュニケーションの極意とは

ドラッカーも驚く、経営マネジメントの極意
これこそ会社が繁栄する経営法則だ！

会社は小さくても黒字が続けば一流だ
必ず利益が上がり、成功する経営のノウハウを伝授

大企業向けの偏ったビジネス書を読まず、中小企業のための本を読もう！
この本を読んだ人は、すでに売り上げが上がっている